Ma vie troglodyte à Vicksburg,

avec des lettres d'essai et de voyage

Mary Ann Webster Loughborough

Writat

Cette édition parue en 2024

ISBN : 9789359949581

Publié par
Writat
email : info@writat.com

Contenu

CHAPITRE I.

NOTRE GROUPE EST PARTI POUR VICKSBURG — LE CHEMIN ET LE PAYSAGE — LES SCÈNES DU PREMIER BOMBARDEMENT — VUE SUR LA VILLE ET LA RIVIÈRE — OUVERTURE D'UNE BATTERIE — L'ENNEMI.

On a dit que les paysans de la Campagna, lors de leurs visites semestrielles aux marais pontins, arrivent en jouant de la cornemuse et en dansant ; mais il est rare qu'ils reviennent dans la même joyeuse humeur, la fièvre paludéenne étant sûre de les affecter plus ou moins. Bien que je n'aie pas quitté Jackson dans la nuit du 15 au son de la cornemuse et de la danse, c'est pourtant avec un cœur très heureux et très peu de pressentiments de mal que je suis parti avec un groupe d'amis pour une agréable visite à Vicksburg. Comme les paysans, j'en suis revenu plus sérieux et avec une expérience lamentable. Comme nous ne savons pas avec quelle rapidité nos sentiments peuvent changer ! Nous avions prévu une visite à Vicksburg depuis quelques semaines et nous attendions avec plaisir à rencontrer nos amis. Avec quelle joie, en quelques jours, nous l'avons quitté, avec les explosions des bombes résonnant encore à nos oreilles ! Comme cette soirée était belle : le soleil brillait et réchauffait ses teintes douces sur les arbres bruts de la forêt ; sur la longue mousse qui se balançait avec une dignité lente et majestueuse, comme les danseurs d'antan, méprisant les mouvements rapides et trébuchants d'aujourd'hui ! Brillant et réchauffant par dessus tout, ce soleil du soir, cette lumière douce et agréable, éclatant en teintes chaudes sur le sol accidenté de la plantation, nous montrait les scènes de la maison au fur et à mesure de notre passage ; les vaches sobres et maternelles rentrant chez elles pour la traite du soir à travers les longues allées entre les champs, où les clôtures jetaient des ombres sur la route ; faire des figures étranges et étranges des ombres des jeunes poulains, maigres, aux membres longs et déformés ; les mères, fatiguées de manger l'herbe qui poussait si abondamment, se tenaient debout, tranquillement contentes, ou buvaient à l'eau claire qui coule. Nous passâmes ainsi devant les maisons, où le planteur était assis sur sa véranda, écoutant la voix de sa fille lisant le dernier journal, tandis qu'autour de sa blonde tête, comme une auréole, jouaient les rayons persistants du soleil.

Et direction Black River, « Big Black », avec sa marée lente et lente ! Sombre comme le ruisseau stygien, elle coulait dans la brume du soir, du crépuscule. Et bientôt nous voyons Vicksburg, terrain classique pour toujours en Amérique. L'Hudson doit désormais céder la palme au Père des Eaux. Notre intérêt se concentrera sur les lieux consacrés par les actes de nos compatriotes. J'avais pensé, lors du premier bombardement de Vicksburg, que la ville devait être une ruine ; Pourtant, très peu de dégâts ont été causés, bien que très peu de maisons soient dépourvues de traces du premier essai de métal. J'en ai vu un avec un trou dans la fenêtre ; derrière, il y en avait un de taille correspondante à travers le panneau de la porte, qui se trouvait être ouvert. Le coin du piano avait été enlevé, et le coup de feu passait à travers le mur ; l'un d'eux traversa également une autre maison, faisant un énorme trou à travers la cheminée. Et pourtant les habitants vivent dans leurs maisons (ceux qui n'ont pas perdu un être cher) heureux et satisfaits, ne sachant pas à quel moment la maison pourrait être déchirée au-dessus de leurs têtes par l'explosion d'un obus.

"Ah!" dis-je à un ami, comment est-il possible que vous viviez ici ? « Une fois qu'on s'est habitué au changement, répondit-elle, cela ne nous dérange pas ; mais s'habituer, voilà l'épreuve. Cela m'a rappelé l'homme pauvre d'un quartier infecté qui a été accueilli par un voyageur et qui lui a demandé : « Comment vivez-vous ici ? «Monsieur, nous mourons», fut la réponse laconique. Et cela devient une habitude. J'ai regardé ce beau paysage et j'ai clairement vu au loin les transports fédéraux tranquillement à leur mouillage. Était-ce un rêve? Pouvais-je croire que sur cette scène souriante, par ce beau matin d'avril, le fléau de la guerre civile gisait comme un voile ? faisant gémir de nombreux cœurs endeuillés attendant avec de vagues craintes l'été à venir.

Quelle âme dans le pays n'a ressenti et été témoin de ce chagrin, de ce chagrin inutile pour les braves et prématurés morts ? J'ai pensé à la lettre de la malheureuse de l'Iowa, dont j'avais allaité le fils, prisonnier, recevant jusqu'au dernier souffle les paroles pour la mère lointaine et inconsciente ; de son chagrin en écrivant à son sujet dans sa tombe lointaine ; de sa fierté envers lui, son fils unique. Combien de personnes dans le pays pourraient lui prendre la main et pleurer sur un chagrin mutuel ! Et dans les salles d'hôpital, des hommes qui portent encore le nom d'Américains parlaient ensemble de batailles, de prisonniers et de ravisseurs, quand chacun se racontait les actes de bravoure accomplis sur des champs hostiles et sortait des photos de bébés innocents, peu nombreux. les enfants et les épouses se montraient, tous ressentant de la sympathie et de l'intérêt pour les visages inconnus. En vérité, la guerre est une espèce de folie passionnée. Tandis que j'étais debout et pensant ainsi, le grand grondement des canons dans les batteries à eau m'a surpris, la fumée montrant que c'était la batterie juste en dessous de moi, qui s'ouvrait, m'a-t-on dit, sur ce que l'on pensait être une batterie masquée en face. rive. Aucune réponse n'a cependant été obtenue ; et en regardant à travers la vitre, nous vîmes dans la ligne de digue, entre la rivière et le canal fédéral, un endroit où de la terre nouvelle semblait avoir été soulevée, et des branches d'arbres déposées assez régulièrement en un seul endroit. C'était tout. Le général Lee, cependant, avait ordonné qu'on tirât sur cet endroit, et les tirs se poursuivirent quelque temps. Notre balade ce soir-là avait été délicieuse. Nous restâmes assis longtemps sur la véranda, dans l'air agréable, au son de la douce mélodie et de la riche houle de la musique de l'orchestre qui flottait autour de nous, tandis que de temps en temps mon regard cherchait le coude de la rivière, à deux milles plus loin, où les transports fédéraux, amenés dehors, en relief marqué par la lumière cramoisie et déclinante du soir, gisait apparemment calme. Pourtant, se reposer à Vicksburg ressemblait à se reposer près d'un volcan.

CHAPITRE II.

La nuit, je dormais profondément, quand le profond grondement du canon à signaux m'a surpris et m'a réveillé. Un autre suivit, et je sautai de mon lit, enfilai mes pantoufles et mon peignoir et sortis sur la véranda. Nos amis étaient déjà là. La rivière était éclairée par de grands incendies sur la rive, et nous pouvions distinguer clairement les énormes masses noires flottant avec le courant, crachant de temps en temps du feu de leurs côtés, suivies par le bruit fort, et nous pouvions entendre les obus exploser. dans la partie haute de la ville. La nuit était d'une obscurité totale ; et alors qu'ils approchaient de l'éclat jeté sur la rivière par les grands incendies, les canonnières pouvaient être clairement visibles. Chacun, en dépassant la trace de la lumière brillante sur l'eau, devenait une cible pour les batteries terrestres. On entendait le galop, dans l'obscurité, des courriers sur les rues pavées ; nous pouvions entendre les voix des soldats au bord de la rivière. Les tirs rapides des bateaux, le rugissement des batteries confédérées et, par-dessus tout, le bruit hurlant et retentissant des obus lorsqu'ils explosaient dans les airs et autour de la ville, me firent immédiatement une scène nouvelle et effrayante. Les bateaux s'approchaient rapidement des batteries inférieures et les obus commençaient à voler de manière désagréable à proximité. Mon cœur battait vite alors que les éclairs de lumière des hublots semblaient nous faire face. Certains messieurs incitèrent les dames à descendre dans la grotte située à l'arrière de la maison et insistèrent pour que j'y aille, si j'étais seule. Alors que j'hésitais, craignant de rester, mais souhaitant quand même assister à la fin de l'engagement, un obus explosa près du côté de la maison. La peur m'a immédiatement décidé et j'ai couru, guidé par une des dames, qui m'a montré la pente raide de la colline et m'a laissé courir chercher un châle. Tandis que je réfléchissais à la meilleure manière de descendre la colline, un autre obus explosa près du pied, et, cessant d'hésiter, je m'envolai, glissant et courant à moitié. Avant que j'atteigne l'entrée de la grotte, deux autres explosèrent sur le flanc de la colline près de moi. À bout de souffle et terrifié, j'ai trouvé l'entrée et j'ai couru à l'intérieur, après avoir laissé une de mes pantoufles sur le flanc de la colline.

J'ai découvert que deux ou trois de nos amis avaient déjà trouvé refuge sous terre ; et nous n'y étions pas depuis longtemps que nous fûmes rejoints par le reste du groupe, qui signala les bateaux en face de la maison. Comme j'étais redevenu parfaitement calme et serein, j'étais désolé de me retrouver légèrement agité et dans un état de battements de cœur rapides, tandis que les obus tombaient les uns après les autres dans la vallée en contrebas, explosant avec un bruit fort et grondant, parfaitement assourdissant. La grotte était une excavation dans la terre de la taille d'une grande pièce, suffisamment haute pour que la personne la plus grande puisse se tenir parfaitement droite, dotée de sièges confortables et, dans l'ensemble, une demeure assez grande et habitable (par rapport à certaines grottes de la ville). , sans l'humidité et le contact constant avec les murs de terre tendre. Nous n'étions restés que peu de temps, lorsqu'un des messieurs descendit pour nous dire que tout danger était écarté, et que nous pourrions assister à un beau spectacle en montant sur la colline, car l'un des transports avait été touché par un obus. et flottait lentement tandis qu'il brûlait.

Nous retournâmes à la maison et, de la véranda, regardâmes le bateau en feu, le seul, autant que nous puissions le savoir, qui eût été blessé, les autres bateaux ayant tous passé avec succès près de la ville. Nous restâmes sous la véranda une heure ou plus, ces messieurs spéculant sur le résultat du succès des batteries. Tous étaient étonnés et dépités. Il a été constaté que très peu de canons confédérés avaient été tirés. Plusieurs raisons avaient été invoquées ; le vrai problème était censé être la qualité des fusibles récemment envoyés de Richmond et qui n'avaient pas été essayés depuis leur arrivée. Cette nuit parmi toutes les autres, ils se sont révélés défectueux. L'éclat sinistre du bateau en feu tombait en lumière rouge et ambrée sur la maison, la véranda, et les visages animés se tournaient vers la rivière, éclairant les magnolias blancs, pâlissant les myrtes de crêpe roses et faisant ressortir avec une netteté éclatante la balustrade du bateau. terrasse, où pendaient en couronnes odorantes la vigne de la passion groupée : belle et belle, mais fausse, la lumière cramoisie et vacillante.

Je me suis assis et j'ai contemplé les ruines brûlantes de ce qui, il y a une heure, avait rempli de vie humaine ; avec des hommes dont les mères avaient prié pour eux cette nuit même ; avec des hommes dont les femmes, en larmes, planaient au-dessus des petits lits, embrassant chaque tendre couvercle endormi pour l'absent. Cette nuit les avait-il rendus orphelins ? Ce courant doux et trompeur des eaux rougeoyantes a-t-il glissé sur des formes aimées et perdues pour les fidèles de la maison ? Ô mère et épouse ! vous continuerez à prier et à sourire, jusqu'à ce que la terrible nouvelle arrive : « Perdu à Vicksburg ! » Perdu à Vicksburg ! Dans combien de cœurs le nom restera pendant des années comme un tison ! — reposera jusqu'à ce que le cœur chaleureux et l'âme éprouvée soient en paix pour toujours.

CHAPITRE III.

BATTERIE MASQUÉE SUR LA RIVE OPPOSÉE — PRISE DES VOITURES — PEUR DES PORTEURS NÈGRES — FÊTE DU MAJEUR WATTS — DÉBUTÉE DE DAMES.

Au petit déjeuner, le 17 au matin, nous entendîmes discuter la question : Y avait-il ou non une batterie masquée sur la rive opposée ? Après quelques mots sur le sujet, pour et contre, nous avons parcouru le rivage avec la vitre, voyant ce que ces messieurs croyaient être une batterie. Ils parlaient depuis quelques instants, lorsque j'ai pris le verre et j'ai vu un certain nombre de soldats fédéraux marcher sur la digue en direction de l'endroit où la batterie était censée se trouver. Plusieurs autres semblaient occupés à cet endroit même à enlever les branches. J'ai appelé l'un des messieurs pour qu'il regarde. Je n'avais abandonné le verre que depuis quelques instants, lorsqu'un volume de fumée jaillit du talus, et deux obus furent envoyés l'un après l'autre, explosant sur le dépôt juste en dessous de nous. C'était bien une batterie, avec deux canons, qui commençait à jouer vigoureusement sur la ville.

Nous devions partir ce matin-là, et apprenant que les voitures ne s'aventuraient pas jusqu'au dépôt, nous nous rendîmes en contrebas, où nous trouvâmes de nombreuses personnes anxieuses attendant leur arrivée. Nous montâmes dans les wagons et étions assis en toute sécurité et confortablement, quand on murmura autour de nous, à la grande consternation des passagers, qu'il leur était ordonné de s'approcher le plus près possible du dépôt et d'embarquer du fret ; et c'est ainsi que nous fûmes transportés vers le haut, à l'abri d'une haute falaise, avec de nombreuses appréhensions de ma part, tandis que les obus les uns après les autres explosaient sur la colline au-dessus de nous. Un monsieur nerveux s'est penché en avant et m'a dit que nous étions en grand danger et, parlant de la même manière à beaucoup de dames, il a suggéré que, si nous en faisions la demande, le conducteur reviendrait sans aucun doute dans un endroit sûr.

Bien qu'effrayé, son soulagement était si manifestement égoïste que les messieurs se mirent à plaisanter sans pitié. En regardant par la fenêtre, bien que j'éprouvais de la sympathie pour le pauvre garçon, je ne pouvais qu'être amusé par la scène ridicule qui se présentait : les porteurs apportant les bagages et les petites marchandises du dépôt se comportaient comme des sauvages, s'arrêtant maintenant pour attendre le passage d'un obus, puis se précipiter en avant, déterminé à atteindre les voitures avant qu'un autre n'arrive. Deux nègres arrivaient avec une petite malle entre eux et un ou deux sacs en moquette, essayant visiblement de montrer aux autres membres de la profession à quel point ils étaient insouciants face au danger et à quel point ces « nègres » étaient stupides de s'enfuir dans cette direction. Un obus ricocha dans les airs et tomba à quelques mètres des braves, quand, voilà ! le tronc fut envoyé en chute libre et atterrit de bas en haut ; le sac de tapis suivit – un grand somerset ; et, au milieu du nuage de poussière qui s'élevait, je découvris un porteur replié contre le côté de la malle, et l'autre accroupi près d'un tas de planches. Un cri des nègres dans les voitures et de nombreux rires les remirent sur pied, effleurant leurs genoux et riant, l'air tout à fait stupide, sentant leur ancien prestige s'envoler. Cependant messieurs et domestiques évitaient le dépôt autant que possible ; et chaque fois qu'on voyait surgir une portion de terre en petit volume, accompagnée de fumée, les hommes des deux couleurs couraient aussitôt (sans jeter un regard en arrière) rapidement dans la direction opposée, les « messieurs de couleur » généralement, dans leur hâte, trébuchaient. et tourner un ou deux somersets avant d'atteindre un lieu sûr. Et ainsi l'obus a continué à arriver, explosant de tous côtés, sans toutefois arriver jusqu'à nous. Bientôt, le joyeux son du sifflet se fit entendre et, après notre longue attente, nous sentîmes à nouveau le mouvement des voitures et étions heureux de quitter Vicksburg, avec le bruit du canon et le bruit de l'obus résonnant encore à nos oreilles. Quelques jeunes amies à moi riaient et me racontaient leur expérience lors du danger de la nuit précédente ; de la frayeur et des ennuis dans lesquels ils se trouvaient au moment où les canonnières sont passées. Le major Watts, de l'armée confédérée, avait donné une très grande fête à laquelle ils assistèrent ; l'un vêtu d'une soie couleur maïs bordée de dentelle noire ; une autre en soie bleue bordée de point blanc, et une autre encore en dentelle blanche. Dans la confusion et l'inquiétude, lorsque le premier obus tomba, une des jeunes filles, qui dansait avec un général de brigade, joignit les mains et s'écria : « Où irons-nous ? En plaisantant, il a dit : « Au pays pour la sécurité. » Le croyant sérieux, dans la confusion qui s'ensuivit, elle en parla à ses jeunes amis. Ils partirent seuls au plus vite, effrayés et tremblants. Heureusement, un ami gentleman, découvrant leur absence, les rattrapa et les suivit. Lorsqu'on entendait un obus arriver, il criait : « Chute ! » et ils tombaient dans la poussière, en robes de soirée et tout, jusqu'à ce que l'explosion ait lieu ; puis il s'élève, avec des yeux fous et des cœurs battant férocement, volant à toute vitesse vers l'avant. Après avoir couru environ un mile en un minimum d'instants et être tombé plusieurs fois, ils s'arrêtèrent à la première maison et y restèrent jusqu'à ce que leurs amis les fassent venir chercher en voiture.

"Si vous aviez vu nos robes de soirée en arrivant à la maison, nos cheveux et les fleurs pleines de poussière, vous ne nous auriez jamais oubliés", s'est exclamé l'un d'eux. "Ah!" dit un autre, nous rions gaiement ce matin, car nous laissons les fusils derrière nous ; mais hier soir, c'était une affaire sérieuse et nous avons absolument couru pour sauver nos vies. Comme j'étais ravi du reste calme de notre maison à Jackson ! J'ai mentalement

renoncé à Vicksburg pendant la guerre. Mais l'homme propose, et Dieu
dispose.

CHAPITRE IV.

JACKSON MENACÉ — LE COLONEL GRIERSON — LE GÉNÉRAL PEMBERTON DÉPART — MA DÉCISION EST DÉCIDÉE D'Y ALLER AUSSI — MONTER SUR LES VOITURES — VICKSBURG ENCORE.

Notre calme était destiné à être de courte durée. Nous fûmes surpris un matin d'apprendre que le colonel Grierson, de l'armée fédérale, s'avançait vers Jackson. Les citoyens s'adressèrent au général Pemberton pour les protéger. Il a répondu qu'il n'y avait aucun danger. Soudain, les voitures des dames et les chevaux de selle furent pressés, et les clercs et les jeunes gens de la ville montèrent dessus et partirent pour nous protéger (!). On m'a dit que la première fois qu'ils rencontrèrent les troupes fédérales, la plupart d'entre eux furent capturés et nous n'en entendîmes plus parler. Nous n'avions pas à craindre, car on parlait partout du colonel Grierson (ainsi que me l'ont dit plus tard certaines dames du district qu'il a traversé) comme d'un gentleman qui ne permettrait pas à ses hommes de traiter qui que ce soit avec le moindre manque de respect ou de prendre le dessus sur quelqu'un. le moindre article de la maison d'un citoyen ; et ils traitaient tous les dames avec courtoisie. Il n'y a eu aucun cas de méchanceté envers un être humain, autant que j'ai pu le savoir. Il devrait recevoir les remerciements de tous les hommes courageux et de toutes les femmes du Sud. Cet homme, bien qu'étant un ennemi déclaré, dédaignait de torturer ou de faire la guerre à la création la plus faible de Dieu.

De nouveau, la rumeur courait que, depuis Canton, une importante force fédérale avançait vers Jackson. Jackson devait être défendu !! ce dont je doutais. Bientôt, le général Pemberton partit et se rendit à Vicksburg—Mme. De Pemberton à Mobile. Des batteries étaient érigées dans différentes parties de la ville, dont une juste en face de la maison où j'étais. Un matin, je réfléchissais où il valait mieux aller et ce qu'il valait mieux faire, lorsqu'un galop rapide retentit sur la route, et un ami est arrivé précipitamment et a dit : « Vas-tu partir ? "Oui", répondis-je, "mais je n'ai pas encore décidé où aller." « Eh bien, je vous assure qu'il n'y a pas de temps pour délibérer ; J'emmènerai ma famille à Vicksburg, comme l'endroit le plus sûr, et, si vous vous placez sous ma garde, je vous verrai sain et sauf auprès de votre mari. L'affaire fut donc réglée et nous devions partir le soir même. Pourtant, j'avais un doute ; l'armée fédérale se répandait dans tout le pays et je craignais de rester là où j'étais. Pourtant, je me suis demandé : ne pourrais-je pas être en danger à Vicksburg ? Et si les canonnières lançaient une attaque ? Pourtant, il était vrai, comme mon ami l'avait dit, que nous étions ici bien plus en danger à cause de la populace qui suivait habituellement une grande armée et qui pouvait nous piller, nous insulter et nous voler. Non; à Vicksburg, nous devons y aller !

Très précipitamment, nous avons pris nos dispositions, faisant nos valises avec à peine un instant à perdre, sans nous arrêter pour discuter de notre déménagement soudain et des nouvelles alarmantes. Nos amis aussi étaient dans une panique et un désarroi aussi grands que nous. Mme A. possédait des coffres remplis d'argent lourd. La plupart des pièces étaient telles qu'il aurait fallu un certain temps pour les enterrer. Son mari était absent et elle craignait de confier le secret aux hommes noirs. Une autre amie craignait d'enterrer ses diamants, pensant que dans ce cas, elle ne les reverrait peut-être plus ; elle craignait aussi de les retenir, de peur que, par des récits de nègres, la cupidité des soldats ne s'excitât, et qu'elle n'en souffrît en conséquence. Chaque tumulte de la ville nous faisait courir aux portes et aux fenêtres, craignant à tout moment une surprise ; et non seulement des dames, au visage pâle et aux yeux anxieux, nous rencontraient à chaque tournant, mais des messieurs aux tendances anti-militaires couraient çà et là, avec des sacs de tapis et de petites valises, à la recherche de moyens de transport, déterminés à trouver un endroit sûr, si l'on en trouvait un. on pourrait les trouver, là où le bruit d'un fusil ou l'odeur de la poudre ne pourraient plus jamais les déranger ; et, tandis qu'ils couraient, chacun avait un rapport alarmant à faire circuler ; de sorte qu'avec le bruit et le rugissement des camions, des chariots et des voitures, les bruits distrayants de l'avancée rapide de l'armée fédérale et les nuages de poussière étouffants qui s'élevaient - avec tout cela, nous étions en bonne voie de nous croire n'importe quel être. ou un objet mais nous-mêmes.

Le dépôt était encombré d'êtres humains écrasants et coudoyants, se balançant d'avant en arrière, les bagages jetés çà et là, les chevaux fous d'effroi et les nègres confus ; et ainsi nous nous sommes retrouvés dans une voiture, au milieu du courant vivant qui coulait et déferlait – à la recherche des voitures mobiles – à la recherche des voitures de Vicksburg – à la recherche de tout ce qui pourrait les éloigner de la ville menacée et en rapide dépeuplement.

CHAPITRE V.

DE NOUVEAU À VICKSBURG — ASPIRATIONS — PASSAGE DES TROUPES À LA RIVIERE NOIRE — LE GÉNÉRAL PEMBERTON ORDONNE À TOUS LES NON-COMBATANTS DE QUITTER LA VILLE.

Laissant derrière nous la ville menacée et grouillante, nous nous sommes dirigés lentement – nos amis, mon petit et moi-même – vers Vicksburg. Ah ! Vicksburg, notre ville de refuge, tu seras la dernière à céder ; et dans tes maisons, nous ne craindrons pas les pas de l'armée victorieuse, mais nous reposerons en sécurité au milieu de tes collines ! et ceux que nous aimons si tendrement nous réconforteront et nous soutiendront dans notre état de peur et de panique, se moqueront des peurs de notre femme et allégeront nos cœurs de la peur et de la souffrance que nous avons éprouvées. Pourtant, existe-t-il un endroit où l'on est parfaitement en sécurité en ces temps terribles ? Tandis que nous avancions, l'air nocturne soufflant si agréablement sur nous par la fenêtre ouverte, nos sièges si calmes, le mouvement des voitures si apaisant, mes amis donnèrent bientôt des signes indubitables du profond sommeil qui les avait envahis ; de la nuit, l'air si parfumé, le ciel au-dessus de nous si calme et éclairé par les étoiles !

J'ai appuyé ma tête contre la fenêtre et j'ai regardé dans l'obscurité. Comme les pensées qui me sont venues après l'inquiétude et l'agitation de la journée étaient calmes et sérieuses ! L'espérance bénie de la demeure céleste semblait doublement gracieuse. Avec quelle envie je regardais le voile qui s'étendait entre notre monde et l'au-delà ! Ah ! l'au-delà, où Christ est allé, afin que notre vie y soit perfectionnée par lui ; l'au-delà, où bien des nuits comme celle-ci mes yeux ont regardé les étoiles ; et mon âme tremblait et haletait, désirant avec nostalgie davantage de connaissances sur la vie d'en haut – désirant avec nostalgie l'enfant, l'enfant martyr, qui a souffert et est mort sur mon sein – l'enfant dont la vie sur terre faisait tellement partie de la mienne ! — dont je souhaite tant influencer la vie céleste ! Et je cherche, je ne sais quoi, alors que je contemple ces mondes d'en haut. Je n'ose pas demander une révélation ; mais, ah ! pourrais-je pénétrer au-delà des étoiles et capter un rayon de la vie glorieuse ! Pourtant, la conscience d'une existence raffinée et plus pure est toujours proche de moi, alors que mon esprit se sépare de la terre – s'abandonne à des enquêtes intangibles et ardentes, qui ne seront jamais satisfaites tant que moi aussi ne serai pas en présence de mon Créateur. Oh, cette nuit, ce paradis étoilé, clair et très pur devant nous ! Ne se voit-on pas plus clairement lorsqu'on regarde vers le haut avec l'émotion toujours indéfinie que nous ressentons lorsque nous regardons le ciel la nuit ? - notre propre indignité, le besoin de notre âme d'un Sauveur, ne nous viennent-ils pas comme notre conscience, surmontant l'insensibilité du jour et du monde nous murmure de nombreux manquements à notre devoir ? de prières dites à la hâte ? d'opportunités de bien pour nos semblables perdues ? La réponse douce, la parole aimable et le sourire encourageant adressé au monde fatigué, tout cela a été ignoré ; et nous voyons où le bien, pour l'un « des plus petits d'entre eux », aurait pu rendre une vie plus heureuse ; et, quant au pur, toutes choses sont pures, de sorte que nous, alors que nous aspirons à la vie céleste et à l'existence ennoblissante qui lui appartient, voyons plus clairement les imperfections de cela et de nos devoirs quotidiens, et notre besoin d'un Médiateur avec celui aux yeux purs duquel nous sommes totalement indignes ; Hélas! si indigne qu'avec cette vie notre dignité ne pourra jamais commencer.

Alors que nous approchions de Vicksburg, nous pouvions voir des camps et des feux de camp, avec de sombres silhouettes d'hommes se déplaçant autour d'eux ; on voyait la sentinelle qui gardait le pont de la Rivière Noire, silencieuse et dressée, ressemblant dans l'obscurité à une statue sombre ornant quelque pont pittoresque et massif des vieux pays ; et plus loin, des masses d'hommes sur la route marchant tranquillement pendant la nuit, suivis par l'artillerie ; de longues files de chariots aussi, passant à travers les ravins — maintenant les couvertures blanches visibles au sommet de la colline ; les perdant à nouveau de vue, nous entendons le cri des camionneurs, le claquement du fouet - et apercevons à nouveau une cime blanche à travers les arbres - et le chant occasionnel d'un charretier. Au dépôt, les soldats étaient entassés et attendaient de sortir ; et à notre arrivée chez notre ami, nous, si las de l'agitation et du tumulte de la journée, étions heureux de reposer nos têtes fatiguées dans le calme et la paix, sans crainte du lendemain ni pressentiment inquiet du mal.

En lisant les journaux le lendemain matin, le premier article qui a attiré mon attention était un ordre du général Pemberton, insistant pour que tous les non-combattants quittent la ville. « Jusqu'à présent, dit-il, j'ai simplement demandé que cela soit fait ; maintenant je l'exige. "Ah!" m'écriai-je, n'avons-nous pas de repos pour la plante de notre pied ? Devons-nous revivre l'effroi et l'anxiété d'hier ? «Nous ne pouvons pas partir d'ici», répondit mon ami. "Où pouvons-nous aller? Nous voici parmi nos amis, nous sommes les bienvenus et nous nous sentons en sécurité. Partageons au moins le sort de ceux que nous aimons tant. Si nous partons, nous ne pouvons pas dire à quoi nous pourrions être exposés — même maintenant, probablement, l'armée fédérale occupe Jackson ; si nous allons à la campagne, nous risquons à tout moment d'être entourés par eux ; et à qui pouvons-nous demander protection contre les soldats ? Nous *devons* rester ici, même si ces messieurs nous disent de partir, ce qu'ils feront, je le crains ; il faut les inciter à nous laisser rester, car vous savez qu'ils ne peuvent rien nous refuser. Oh, nous sommes si calmes et paisibles, nous devons rester, quoi qu'il arrive. Quand ces messieurs sont venus, nous avons parlé « d'ordre » avec eux. Au début, ils ont dit que nous devions partir ; mais nous les suppliâmes de nous laisser rester, représentant notre condition déplorable dans un pays envahi par les soldats, le grand danger d'essayer d'aller à Mobile par chemin de fer, la voie ayant été en partie détruite entre Meridian et Jackson. Nous avons déclaré que nous mourrions presque de faim, que nous affronterions joyeusement n'importe quel mal à Vicksburg, où se trouvaient nos amis, où nous étions soigneusement logés, tranquilles et satisfaits. Alors, en riant, ils ont dit qu'ils étaient complètement dépassés par notre détresse et qu'ils feraient en sorte que nous puissions rester si nous le souhaitions. "Mais rappelez-vous", disaient-ils, "si des problèmes surviennent, vous devez les affronter les yeux ouverts." « Oui, avons-nous répondu, nous pouvons rencontrer des problèmes là où vous êtes, avec joie. » Tout le monde semblait penser que l'affaire serait résolue à une certaine distance de Vicksburg, et que le général Pemberton voulait se débarrasser de la responsabilité, si le pire arrivait et que les dames étaient en danger dans la ville.

CHAPITRE VI.

Nous nous sommes installés délicieusement. Avec notre couture le matin et nos promenades le soir, notre maison était très agréable, très joyeuse et calme. Des rumeurs nous parvenaient sur l'avancée des troupes fédérales sur Rivière Noire ; cependant, les nouvelles étaient si incertaines et l'avantage si lent à être obtenu, nous commençâmes à douter de presque tout. M... était stationné en contrebas à Warrenton et ne venait qu'occasionnellement nous voir, car les canonnières menaçaient ce point. Pourtant, nous étions en quelque sorte déjà coupés du monde extérieur, car les voitures avaient cessé de rouler plus loin que le pont de la Rivière Noire, où le général Pemberton avait stationné ses forces, se fortifiant et attendant une attaque ; Pourtant, chaque matin, les journaux nous disaient que tout allait bien, et notre vie se poursuivait de la même manière. Presque chaque jour, nous gravissions la colline du Sky Parlour et regardions à travers la vitre le campement fédéral près de la tête du canal abandonné ; nous pouvions voir clairement, également, en bas, à un point appelé « Brown and Johnson's Landing », le passage de trains de wagons transportant des fournitures à la flotte en contrebas ; nous pouvions également discerner des troupes et des hommes à cheval sur la rive opposée, quoique à quelques milles de distance, - encore une fois, à la tête du canal, dans le courant, gisaient nonchalamment les formes sombres des canonnières - maintenant deux couchées assez près l'une de l'autre. d'autres, puis peut-être un groupe de trois, ou souvent un seul, tenus par des nègres, car à l'aide de la lunette on pouvait les voir passer çà et là ; nous pouvions aussi voir les petits remorqueurs transportant des dépêches de l'un à l'autre, supposions-nous, aussi souvent qu'après leur visite, un transport ou une canonnière prendrait de la vapeur et les suivrait remontant le fleuve ; nous pouvions voir des courriers galoper depuis des groupes de tentes le long du rivage jusqu'à l'endroit où, nous présumions, campaient les masses de soldats. Dans l'ensemble, le campement et les mouvements fédéraux étaient bien plus émouvants et intéressants que la vie tranquille et fortifiée de Vicksburg, attendant avec un front calme et hérissé le résultat des mouvements énergiques au-delà. Nous rencontrions fréquemment sur Sky Parlour Hill une connaissance de l'état-major du général Pemberton, qui semblait suivre avec intérêt les opérations sur le rivage au-dessus et au-dessous de nous. On pouvait voir que Vicksburg était observé avec la même attention par les troupes fédérales.

Les canonnières qui se détachaient dans le courant au-dessus semblaient agir comme des sentinelles, ou comme une sorte de service de piquet, pourrais-je appeler, car un homme en uniforme arpentait constamment le pont avec un grand verre sous le bras, qu'il levait fréquemment. et a fait une étude de la ville. Mais de ce point de vue, Vicksburg devait être pour lui un livre scellé parmi ses collines.

Une nuit, nous avons entendu une forte canonnade pendant une heure ou deux, s'arrêtant, puis reprenant assez tôt le matin, sans doute en provenance des environs de Warrenton. Comme nous pensions peu que c'était le début d'une musique qui résonnerait à nos oreilles pendant des semaines ! – combien peu nous pensions que c'était le début d'un trouble ! Cette nuit-là, le ciel du sud était cramoisi par la lumière d'un grand incendie – nous n'avons pas pu en connaître la cause. Le lendemain, nous apprîmes que le petit village de Warrenton avait été incendié par des obus lancés depuis les bateaux. M... arriva ce soir-là et nous raconta que les canonnières s'étaient amusées à lancer des boulets et des obus sur le fort, qu'il y avait eu très peu de dégâts, hormis l'incendie d'une partie du coton composant le fort, qui était encore intact. couvant et brûlant lentement sous les terrassements. Peu de temps après, certains de nos amis nous dirent que le fort de Warrenton avait été tranquillement évacué ; au moins, toutes les armes en avaient été retirées et amenées à Vicksburg, avec des munitions, des provisions, etc. ; les troupes y étaient pour le moment laissées à l'aveugle — tout cela, M... ne me l'a pas dit. Cela a dû être une épreuve pour les hommes de rester parfaitement silencieux, supportant un feu constant auquel ils étaient incapables de riposter. Cependant, le moment est venu où ces hommes pouvaient considérer le bombardement de Warrenton comme une affaire insignifiante en comparaison avec la tempête de balles et d'obus qui pleuvait sur eux à l'arrière de Vicksburg. Et alors commença mon excitation : M... était en bas et exposé aux tirs que nous entendions chaque matin et chaque soir ; et j'ai prié pour lui avec tant de ferveur, sentant combien j'étais totalement impuissant et combien notre Père serait miséricordieux et puissant.

Samedi arriva, et avec lui la nouvelle qu'une bataille se déroulait entre les troupes fédérales et les forces du général Pemberton à Rivière Noire ; et je vis pâlir une joue brillante, et sentis, le cœur lourd, que les espoirs de bonheur, pour de nombreuses années à venir, d'un ami cher, dépendaient d'une vie qui s'y risquerait courageusement aujourd'hui. Oh! le suspense terrible de ce jour-là, en sentant que, quelle que soit l'issue (et nous en tremblions), la vie de nos amis dépendait entièrement de nous.

CHAPITRE VII.

DIMANCHE 17. APRÈS L'ÉGLISE. L'ARMÉE DÉMORALISÉE. HISTOIRES DE SOLDATS.

Le dimanche 17, le mémorable 17 mai, alors que nous nous habillions pour l'église et que nous avions presque terminé l'arrangement des châles et des gants, nous entendîmes le grand grondement du canon. Effrayés, car à ce moment-là nous ne savions pas *ce qu'* « une heure nous apporterait », ne voyant personne qui puisse expliquer cette soudaine alarme, nous marchâmes dans la rue, espérant trouver quelque ami qui pourrait nous dire s'il était dangereux de rester. loin de chez moi, à l'église. J'avais peur de quitter mon petit pendant un certain temps, s'il y avait une perspective de fiançailles. Après avoir parcouru un carré ou deux, nous rencontrâmes un officier qui nous dit que le bruit que nous avions entendu provenait de nos propres canons, qui tiraient sur un groupe de soldats qui brûlaient quelques maisons sur la péninsule de la côte de la Louisiane ; il nous dit aussi que le bruit avait couru que le général Pemberton avait été repoussé, que de nombreux citoyens étaient sortis pour soigner les blessés de la bataille d'hier, que tous les ministres et chirurgiens qui pouvaient partir étaient partis aussi. Pourtant, alors que la cloche de l'église méthodiste sonnait clairement et fort, mon ami et moi avons décidé d'entrer, et nous étions heureux de l'avoir fait, car nous avons entendu des mots de joie et de réconfort en cette période difficile. L'orateur était un voyageur, qui fournissait la chaire ce jour-là, le pasteur étant absent pour s'occuper des blessés et des mourants sur le champ de bataille. C'était un homme simple, aux paroles simples et ferventes, mais avec tant de cœur dans tous ses exercices, que nous sentions, après le dernier hymne chanté, la dernière prière dite, que nous avions été dans une atmosphère plus pure. Après la bénédiction, il a demandé aux dames de se rencontrer et de prendre des dispositions pour apporter des peluches et des bandages aux blessés. En rentrant chez nous, nous avons croisé dans les coins des groupes d'hommes anxieux, aux visages troublés ; très peu de soldats ont été vus ; quelques hommes de batterie et officiers, nécessaires à la défense de la rivière, passaient en toute hâte dans la rue. Pourtant, dans tout l'air agréable et le soleil du jour, une tristesse anxieuse semblait peser sur les visages des hommes : une attente douloureuse d'une nouvelle, que tous savaient désormais, annonçait un désastre. Il ne semblait y avoir aucune vie dans la ville ; les hommes semblaient maussades et impatients, les femmes en larmes et pleines d'espoir, en prière et pleines d'espoir, pourrais-je ajouter ; car beaucoup de mères, gémissant en esprit sur l'incertitude du bien-être de ceux qui lui étaient les plus chers, s'agenouillèrent et déposèrent leurs chagrins au pied de ce trône, où aucun suppliant sérieux n'est jamais rejeté ;

où le chagrin de nombreux cœurs brisés s'est transformé en résignation à sa volonté qui afflige à contrecœur les enfants des hommes. Et ainsi, dans toute cette incertitude morne, le remue-ménage des cavaliers et des roues commença, et les chariots roulaient dans la rue, allant rapidement dans un sens, puis revenant, apparemment, sans but ni but : de temps en temps, un soldat usé et poussiéreux être vu passer avec sa couverture et sa gourde ; Bientôt, des traînards passèrent après l'autre, puis des groupes de soldats usés et poussiéreux par la longue marche. "Qu'est-ce qu'il y a ?" avons-nous tous pleuré alors que les rues et les trottoirs se remplissaient de ces hommes usés et fatigués. Nous avons envoyé demander, et la réponse a été : « Nous sommes fouettés ; et les fédéraux sont après nous. Nous nous emparâmes en toute hâte des voiles et des bonnets, et descendîmes l'avenue jusqu'à la grille de fer qui sépare la cour de la rue.

"Où vas-tu?" nous avons demandé.

Personne ne semblait disposé à répondre à la question. Un air embarrassé, peiné, passa sur certains des visages qui s'étaient levés vers nous ; d'autres semblaient seulement ressentir la lassitude de la longue marche ; encore une fois, nous avons demandé :

"Où vas-tu?"

Finalement, un homme leva les yeux d'un air à moitié maussade et répondit :

"Nous courons."

"De qui?" s'écria une des jeunes filles de la maison.

« Les fédéraux, bien sûr », a déclaré un autre, à moitié riant et à moitié honteux.

"Oh! honte à toi!" s'écrièrent les dames ; "et tu cours!"

« Tout est de la faute de Pem », dit un homme maladroit, aux membres longs et à l'air las.

« Tout est de ta faute. Pourquoi ne restes-tu pas sur ta position ? fut la réponse.

« Honte à vous tous ! » s'écriaient certaines dames de l'autre côté de la rue, excitées.

Je ne pouvais m'empêcher d'éprouver de la pitié pour ces pauvres gens épuisés, qui semblaient en effet profondément honteux d'eux-mêmes ; certains sans armes, les ayant probablement perdues lors de la première cassure des compagnies.

« Nous sommes déçus de vous ! » s'écrièrent certaines dames. « Vers qui devons-nous nous tourner maintenant pour nous protéger ?

"Oh!" dit l'un d'eux, « c'est la première fois que je cours. Nous sommes Géorgiens et nous n'avons jamais couru auparavant ; mais nous les avons tous vus s'enfuir, et nous ne pouvions pas les supporter seuls.

Nous leur avons demandé s'ils ne voulaient pas d'eau ; et certains d'entre eux sont venus dans la cour pour le chercher. La maîtresse de maison leur offrit à souper ; et pendant qu'ils mangeaient, nous étions tellement intéressés que nous restions là à les interroger sur le résultat de la journée. « Tout est de la faute du général Pemberton », dit un sergent. « Je suis un Missourien, et nos garçons ont tenu le coup presque seuls, ne sachant pas ce qu'ils voulaient faire ; cependant, combattant le plus longtemps possible, tout le monde nous quittait, et nous fûmes obligés de nous replier. Vous savez, madame, nous, les Missouriens, nous battons toujours bien, même si nous devons ensuite battre en retraite.

"Oh!" » Parla un vieil homme, « nous nous en sortirions bien ; mais le général Pemberton s'est approché et a dit : « Tenez bon, les garçons. Votre général Pemberton est avec vous ; et puis, soyez bénie, madame ! La prochaine fois que nous l'avons vu, il était assis sur son cheval derrière une maison, proche aussi ; et quand nous avons vu cela, nous avons pensé que cela ne sert à rien s'il doit rester là.

Nous ne pouvions nous empêcher de rire du récit du vieil homme et de sa colère. On nous dit ensuite que le général Pemberton s'était comporté avec courage et que la faute en résidait dans la disposition des troupes.

Et où allaient ces hommes fatigués et épuisés, nous ne pouvions pas le dire. Je pense qu'ils ne le savaient pas eux-mêmes.

CHAPITRE VIII.

DES TROUPES FRAÎCHES DE WARRENTON POUR LES REtranchements – « NOUS VOUS PROTÉGERONS » – CRAINTES.

À la nuit tombée, les troupes fraîches de Warrenton passèrent, se dirigeant vers les retranchements à l'arrière de la ville à environ deux milles ; beaucoup d'officiers craignaient que les fortifications, si incomplètes, ne fussent prises, si les troupes fédérales poussaient immédiatement en avant, à leur avantage.

Au passage des troupes de Warrenton, les dames agitaient leurs mouchoirs, les acclamaient et criaient :

« Ce sont les troupes qui n'ont pas couru. Vous resterez à nos côtés et nous protégerez, n'est-ce pas ? Vous ne battrez pas *en retraite* et n'entraînerez pas les fédéraux derrière vous.»

Et les hommes, frais et vifs, brandissaient leurs chapeaux et promettaient de mourir pour les dames, de ne jamais courir, de ne jamais battre en retraite ; tandis que les pauvres gens sur le trottoir, assis sur leurs couvertures, couchés par terre, appuyés contre des arbres ou contre n'importe quoi pour reposer leurs corps fatigués, regardaient silencieux et abattus. Ce n'était pas leur faute, ces pauvres gens fatigués. S'ils n'ont pas réussi, c'est ce que beaucoup d'hommes ont fait avant eux ; et puis, l'endurance des longs jeûnes dans les stands de tir à la carabine, et la fraîcheur au milieu des pluies de balles et d'obus lancées ensuite sur le dévoué Vicksburg, nous montrent que les hommes, bien que malheureux, peuvent retrouver leur caractère.

« Il y a eu bien des vies perdues aujourd'hui, me dit un soldat, bien des officiers et des hommes.

« Ah ! vraiment, oui, dis-je ; car les ambulances étaient passées avec des blessés et des morts ; et l'un d'eux arrivait lentement, avec des officiers à proximité, portant le cadavre du général Tilghman, le sang en coulant lentement. On nous parla également d'un ami qui avait été mortellement blessé.

Quelle triste soirée nous avons passée, à entendre continuellement parler d'amis et de connaissances laissés morts sur le terrain, ou mortellement blessés, et amenés en ambulance à l'hôpital ! Nous avions presque peur de nous coucher ce soir-là ; personne ne semblait savoir si l'armée fédérale avançait ou non ; certains nous ont dit qu'ils étaient à plusieurs kilomètres, et d'autres qu'ils étaient assez proches. Comment le savions-nous si, la nuit, nous pourrions être réveillés par le tumulte de leur arrivée !

Les rues devenaient calmes ; le bruit et l'agitation s'étaient calmés avec l'excitation de la journée, et, à l'exception de temps en temps du passage rapide d'un officier ou d'un chariot militaire, ils étaient presque déserts. Et que nous apportera le lendemain ? Pensai-je en me penchant au balcon de ma chambre ; ces rues feront-elles écho aux pas de l'armée victorieuse ? J'ai reculé devant cette pensée. Sans protecteurs, quel pourrait être notre sort ? Être chassés de nos foyers, peut-être, veuves et orphelins. Mais les cieux au-dessus, si calmes, si doux et apaisants, le courant tranquille de la rivière silencieuse et le vent balançant les arbres avec une vague monotone, apaisèrent et posèrent ces pensées mauvaises ; et la confiance et la foi bénies en Celui qui est tout-puissant sont venues avec un baume renouvelé dans mon cœur anxieux.

CHAPITRE IX.

LA BALLE EN MOUVEMENT—VUE DEPUIS LE PALAIS DE
TRIBUNAL—PRISONNIERS FÉDÉRAUX ENVOYÉS À TRAVERS
LA RIVIÈRE—MOUVEMENTS DE LA CANTONIÈRE.

Le lendemain matin, tout était calme ; nous n'avons entendu aucune rumeur surprenante ; les soldats étaient rassemblés et emmenés dans les fosses à fusils ; Vicksburg était régulièrement assiégé et nous devions rester chez nous et suivre le déroulement de la bataille. Les fosses à fusils et les retranchements se trouvaient à près de trois kilomètres de la ville. Nous serions hors de danger, pensions-nous ; mais nous ne savions pas ce qui nous préparait au détour de la rivière. La journée avançait ; Pourtant, tout était calme. La nuit, nos espoirs reprirent : les troupes fédérales n'étaient pas encore arrivées, encore une nuit et une matinée calmes. A trois heures du soir, l'artillerie retentit depuis les retranchements, rugissement après rugissement, suivi du bruit de la mousqueterie : les forces fédérales lancent leur première attaque. En regardant depuis la véranda arrière, nous pouvions clairement voir la fumée avant que le bruit des armes ne nous parvienne. Notre inquiétude était grande, en effet, après que des messieurs nous eurent dit la nuit précédente que les travaux à l'arrière de Vicksburg étaient tout sauf d'un type supérieur.

Les décharges de mousqueterie étaient irrégulières. Pourtant, pour nous qui pensions aux êtres chers exposés à ces tirs fréquents, les pressentiments agités et le malheur provoqués par le vacarme lointain de la bataille nous faisaient vraiment de la peine. Après avoir écouté quelque temps les détonations, qui nous résonnaient au loin comme des chutes rapides et successives de boulets sur des tôles, le canon faisait retentir encore et encore près de nous comme des tonnerres. À chaque rapport, notre cœur bat plus vite. L'effervescence était intense dans la ville. Des groupes de personnes se tenaient partout où l'on pouvait avoir une vue sur les collines lointaines, où des jets de fumée blanche sortaient constamment du milieu des arbres.

Certains de nos amis nous ont proposé d'aller avoir une meilleure vue depuis le balcon autour de la coupole du palais de justice. De là, la vue était des plus étendues et des plus belles. Colline après colline s'élevait au loin, enserrant la ville sous la forme d'un croissant. Immédiatement au centre et à l'est de la rivière, les tirs semblaient plus continus, tandis qu'à gauche et en direction du nord, le crépitement et le rugissement étaient soudains, aigus et vigoureux, puis cessaient pendant un certain temps. Les collines autour de la ville, et en fait tout endroit qui semblait imposant et sûr, étaient couverts de spectateurs anxieux – dont beaucoup étaient des femmes – craignant l'issue du conflit de l'après-midi. A l'extrême gauche et au nord, près du fleuve, la guerre devint générale, tandis que vers le centre les tirs devinrent moins rapides.

Quel beau paysage s'étendait devant nous ! Au loin s'étendaient les collines cultivées, certaines déjà jaunies par les céréales, tandis que sur d'autres collines et dans les vallées, le vert profond des arbres formait l'ombre du beau paysage.

C'est au milieu d'un bosquet d'arbres, sur le flanc d'une colline lointaine, que l'on pouvait distinguer les batteries fédérales aux fréquents souffles de fumée des canons. En nous tournant vers la rivière, nous apercevons une canonnière qui a eu la témérité de descendre le plus près possible de la ville et qui se trouvait juste hors de portée des batteries confédérées, avec de la vapeur.

Deux autres se trouvaient à environ un demi-mille au-dessus et plus près du canal ; deux ou trois transports avaient pris de la vitesse et gisaient près de l'embouchure du canal. Au-dessous de la ville, une canonnière était arrivée et avait atterri, hors de portée, du côté de la Louisiane, s'efforçant d'engager les batteries inférieures de la ville, tirant toutes les quinze minutes environ. Pendant que nous regardions la rivière, nous vîmes sortir du rivage deux grands yoles, avec deux bateaux plus gros attachés à eux et pleins d'hommes.

Nous avons appris qu'il s'agissait des prisonniers fédéraux qui avaient été détenus dans la ville, et aujourd'hui libérés sur parole et envoyés au camp fédéral, afin que les ressources de la garnison puissent être exploitées autant que possible, et la nécessité de les entretenir. évité.

L'idée m'a rendu sérieux. Nous pourrions vraiment nous attendre à une véritable souffrance, peut-être maintenant.

Pourtant, je ne regrettais pas ma résolution de rester et j'aurais quitté la ville aujourd'hui avec plus de réticence que jamais auparavant, car nous sentions que maintenant, en effet, tout le pays n'était pas en sécurité et que notre seul espoir de sécurité résidait à Vicksburg. .

Les petites barques avec leurs prisonniers avaient gagné la rive opposée ; et nous pouvions voir les hommes libérés marcher le long de la rive du fleuve ; nous pouvions aussi voir le petit remorqueur à vapeur descendre et s'arrêter près de la canonnière près de la ville ; il visita également les transports et les canonnières près du canal, puis, partant, remonta avec beaucoup de rapidité la rivière vers l'embouchure du Yazoo.

En regardant encore avec une lunette à l'arrière de la ville, nous pouvions voir les soldats du Sud travailler sur leurs canons et marcher à l'arrière d'un fort sur une colline plus proche. Les troupes fédérales étaient trop éloignées pour être discernées.

Des ambulances arrivaient en ville, ramenant probablement les blessés du terrain.

Nous vîmes entrer un officier, la tête attachée et le bras en écharpe, son domestique marchant à ses côtés conduisant son cheval. Hormis le groupe de spectateurs sérieux se déplaçant d'un endroit à un autre, la ville semblait parfaitement calme.

En regardant de nouveau vers le fleuve, la canonnière près des batteries inférieures gardait son ancienne position, tirant lentement sur la partie basse de la ville ; et bien loin sur l'autre rive, marchant rapidement, j'observais près du canal les figures des prisonniers libérés, qui devenaient vite indistinctes, même à l'aide d'un verre.

Ainsi le crépuscule commença à tomber sur la scène, atténuant le bruit et le tumulte du champ de bataille, tombant doucement et silencieusement sur la rivière, nous séparant de plus en plus des passions déchaînées qui déferlaient autour de nous, n'apportant que le ciel au-dessus de nous. et le petit espace de vie que nous occupons, distinctement à nos yeux.

CHAPITRE X.

Des messieurs qui sont passés le soir de l'attaque à l'arrière de la ville, nous avons appris qu'il était fort probable, à en juger par les mouvements sur le fleuve, que les canonnières feraient une attaque cette nuit-là. Nous sommes restés habillés pendant la nuit ; une ou deux fois, nous nous levâmes d'un bond, effrayés par le bruit d'un canon ; mais après avoir attendu quelque temps dans l'obscurité de la véranda, le calme parfait de la ville nous convainquit que notre alarme était inutile.

Le lendemain, deux ou trois obus furent lancés depuis le champ de bataille et explosèrent près de la maison. Ce fut notre premier choc, et il fut violent. Nous n'avons pas osé entrer dans la partie arrière de la maison de toute la journée.

Certains domestiques venaient nous rejoindre pour nous protéger, tandis que d'autres continuaient leur travail comme s'ils éprouvaient un parfait mépris pour les obus.

Le soir, nous étions terrifiés et très excités par le bruit et le cri des obus de mortier ; nous avons couru vers la petite grotte près de la maison, et nous y sommes restés pendant la nuit, fatigués et presque stupéfaits par la perte du sommeil.

Les grottes devenaient manifestement une nécessité, car certaines personnes avaient été tuées dans la rue par des fragments d'obus. La chambre dans laquelle j'avais dormi tout récemment avait été touchée par un fragment d'obus au cours de la première nuit et un grand trou avait été fait dans le plafond. Je n'oublierai jamais ma peur extrême pendant la nuit et mon désespoir total de voir un jour la lumière du matin. Frappés de terreur, nous restions accroupis dans la grotte, tandis que les obus se succédaient rapidement. Je m'efforçais, par une prière constante, de me préparer à la mort subite dont j'étais presque certain qui m'attendait. Mon cœur s'arrêtait alors que nous entendions les détonations des canons et le bruit précipité et effrayant de l'obus alors qu'il se dirigeait vers nous. À mesure qu'il approchait, le bruit devenait plus assourdissant ; l'air était plein du bruit précipité ; des douleurs me traversaient les tempes ; mes oreilles étaient pleines de ce bruit déroutant ; et, alors qu'il explosait, le rapport m'a traversé la tête comme un choc électrique, me laissant dans un état de terreur tranquille le plus douloureux que je puisse imaginer - recroquevillé dans un coin, tenant mon enfant contre mon cœur - le seul sentiment de mon la vie étant les battements étouffants de mon cœur, cela me coupait presque le souffle. Comme ils échouaient individuellement ou au-delà de la grotte, j'étais réveillé par un sentiment de gratitude qui fut de courte durée. Cette nuit-là, une frayeur terrible nous envahit encore et encore.

J'en vis un tomber sur le chemin, hors de l'entrée de la grotte, comme une flamme de feu, faisant trembler la terre, et, avec un bruit sourd et chantant, les fragments s'élançaient dans leur œuvre de mort.

Le matin nous trouva plus morts que vivants, le visage blanchi et les lèvres tremblantes. Nous ne fûmes pas rassurés en apprenant, de la part d'un homme réfugié dans la grotte, qu'un obus de mortier en tombant ne considérerait pas l'épaisseur de terre au-dessus de nous comme une circonstance.

Certaines dames, plus courageuses à la lumière du jour, lui demandèrent pourquoi il était là, si c'était le cas. Il est resté silencieux pendant une heure avant de partir. À mesure que la journée avançait et que nous étions toujours préservés, même si les obus tombaient comme toujours, nous étions quelque peu encouragés.

Le lendemain matin, nous apprîmes que Vicksburg ne tiendrait probablement pas plus d'une semaine ou deux, la garnison étant mal approvisionnée ; et un des officiers d'état-major du général Pemberton nous dit que la force effective de la garnison, après avoir été estimée, était de quinze mille hommes ; Le général Loring ayant été retranché après la bataille de Rivière Noire, avec probablement dix mille personnes.

Les dames criaient toutes : « Oh, ne vous rendez jamais ! » mais après l'expérience de la nuit, je ne pouvais vraiment pas dire ce que je voulais ni quelles étaient mes opinions.

Combien de fois j'ai pensé à M... sur le champ de bataille, et à son inquiétude pour nous au milieu de ce danger imprévu, où la sécurité reposait entièrement du côté des messieurs belligérants, qui nous bombardaient si furieusement à au moins deux milles. de la ville, au détour de la rivière près du canal.

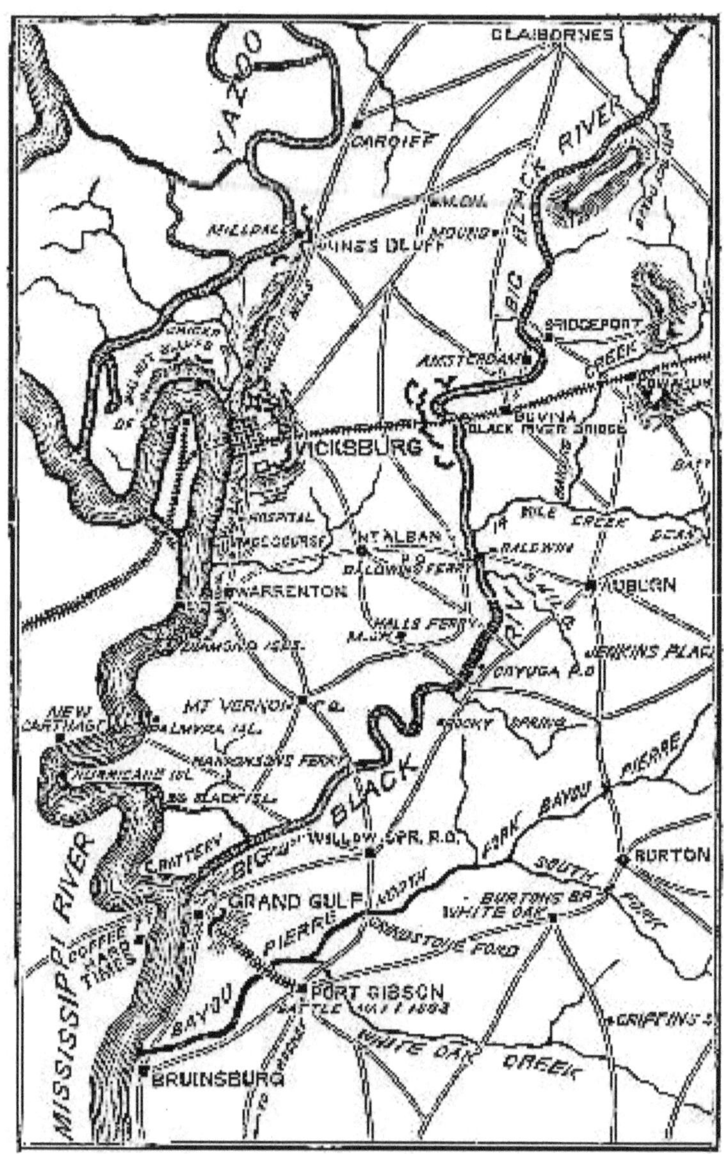

Les obus tombaient si constamment autour de la ville que tous les habitants se préparaient à vivre sous terre pendant le siège. M... a envoyé et a fait creuser une grotte dans une colline à proximité. Nous en profitâmes un soir, alors que les canonniers étaient probablement en train de souper, car nous avions quelques instants de calme, pour aller en prendre possession. Nous étions sous la garde d'un ami de M..., qui était trésorier dans l'état-major du même général chez lequel M... était adjudant. Nous avions des voisins des deux côtés de nous ; et il eût été amusant pour un spectateur d'assister aux scènes domestiques présentées sans le nombre de domestiques préparant les repas sous le haut talus contenant les grottes.

Nos heures de repas, de petit-déjeuner et de dîner étaient assez irrégulières. Quand les obus tombaient rapidement, les domestiques arrivaient pour se mettre à l'abri, et nos repas attendaient quelque temps avant d'être terminés ; encore une fois, ils tombaient lentement, avec un intervalle de plusieurs minutes, et les cuisiniers se mettaient au travail.

Certaines familles faisaient fabriquer du pain léger en grande quantité et en vivaient avec du lait (à condition que leurs vaches ne soient pas tuées d'une traite à l'autre), sans plus de cuisson, jusqu'à ce qu'elles soient appelées à se reconstituer. Bien que la plupart d'entre nous vivions de pain de maïs et de bacon, servis trois fois par jour, le seul luxe du repas consistant dans sa chaleur, j'avais un peu de farine et je faisais souvent avec cette farine un biscuit dur et coriace, sans soda ni levure à se procurer. A cette époque, nous pouvions aussi nous procurer du bœuf. Un ami gentleman a eu la gentillesse de m'offrir son lit de camp, un matelas à ressorts étroit, qui s'inscrivait très confortablement dans la grotte rétrécie ; un autre avait sa tente tendue au-dessus de l'entrée de notre résidence pour nous protéger du soleil ; et ainsi j'étais le bénéficiaire de nombreuses faveurs, et obligé envers de nombreux messieurs de l'armée pour des attentions délicates et aimables ; et, en repensant à mes épreuves de cette époque, je me souviendrai toujours avec gratitude de la bonté avec laquelle ils s'efforçaient de conjurer toute privation. J'allais donc régulièrement au travail, gardant la maison sous terre. Notre nouvelle habitation était une excavation faite dans la terre, et se ramifiant à six pieds de l'entrée, formant une grotte en forme de T. Dans une des ailes était mon lit ; l'autre, je l'utilisais comme une sorte de dressing ; en cela, la terre avait été creusée à un pied ou deux au-dessous du sol de la grotte principale ; Je pourrais me tenir debout ici ; et quand j'étais fatigué de m'asseoir dans d'autres parties de ma résidence, je m'inclinais dedans et restais impassible, me reposant de toute ma hauteur - une des variations de la vie encore en attente de coquilles. Le serviteur de M... cuisinait pour nous sous la protection de la colline. Nos quartiers étaient en effet proches ; pourtant, j'étais plus à l'aise que je ne l'aurais imaginé. J'aurais pu être créé sous terre de cette façon.

Nous étions au moins à l'abri des fragments d'obus — et ils volaient dans toutes les directions ; bien que personne ne semblait considérer notre grotte comme une protection, au cas où un obus de mortier tomberait directement sur le sol au-dessus de nous. Nous avions notre toit voûté et contreventé, les supports du contreventement occupant beaucoup de place dans nos locaux confinés. La terre avait environ cinq pieds d'épaisseur au-dessus et semblait dure et compacte ; cependant, le pauvre M..., chaque fois qu'il entrait, l'examinait, craignant, au milieu de quelques secousses qu'il subissait, qu'il ne se fendât et ne tombât sur nous.

CHAPITRE XI.

ENTERRER VIVANT — ARRIVAGE DE LA MAISON — APPARITION DE COQUILLE LA NUIT — SOUS LA RACINE D'UN FIGUIER.

Un après-midi, au milieu du bruit et de l'explosion des obus, des cris et des cris s'élèvent : des cris de femmes au milieu des hurlements des obus qui tombent. Le jeune domestique George, après être parti et revenu une ou deux fois, sa timidité l'emportant sur sa curiosité (je n'en fus pas du tout surpris), rassembla enfin le courage d'aller au ravin près de chez nous, d'où partaient les cris, et J'ai découvert qu'un homme noir avait été enterré vivant dans une grotte, alors qu'il était seul. Les ouvriers furent immédiatement prêts à le délivrer, si possible ; mais lorsqu'on l'a retrouvé, le malheureux était évidemment mort depuis peu de temps. Sa femme et ses proches étaient affligés au-delà de toute mesure et remplissaient l'air de leurs cris et de leurs gémissements.

Cet incident m'a fait doublement douter de ma grotte ; J'avais peur d'être enterré vivant à tout moment. Un autre incident s'est produit le même jour : un monsieur, habitant de Vicksburg, a fait creuser une grande grotte et a exhorté à plusieurs reprises sa femme à quitter la maison et à y entrer. Elle refusa obstinément et, étant complètement malade, elle était allongée sur le lit, lorsqu'il lui prit la main et insista si fortement pour qu'elle l'accompagne, qu'elle céda ; et à peine avaient-ils quitté la maison qu'un obus de mortier passa à travers, démolissant complètement le lit si récemment libéré, déchirant le parquet et détruisant presque complètement la chambre.

Cette nuit-là, après que mon petit ait été couché, je me suis assis à l'entrée de la grotte, avec les serviteurs autour de moi, regardant le brillant feu d'artifice que faisaient les bateaux de mortier - le passage de l'obus, pendant son voyage. à travers les cieux, ressemblant à une étoile se déplaçant rapidement. En tombant, il s'est approché de la terre si rapidement qu'il a semblé laisser derrière lui une trace de feu.

Cette nuit, nous avons gardé nos sièges, car ils sont tous passés rapidement au-dessus de nous, aucun ne s'approchant. Les obus incendiaires étaient encore plus beaux en apparence. Alors qu'elles explosaient dans les airs, la matière brûlante et les boules tombaient comme de grandes étoiles bleues et ambrées claires, se dispersant ici et là.

« Mademoiselle M... », dit l'un des serviteurs les plus timides, « veulent-ils tous nous tuer ? Vont-ils continuer à faire ça jusqu'à ce que nous mourrions tous ?

J'ai dit très chaleureusement: "J'espère que non."

Les domestiques que nous avions avec nous semblaient posséder plus de courage qu'on n'en attribue habituellement aux nègres. Ils hésitaient rarement à traverser la rue pour aller chercher de l'eau à tout moment. Le « garçon » dormait à l'entrée de la grotte, avec un pistolet que je lui avais donné, me disant que je n'avais pas à « avoir peur : quiconque viendrait à ce moment-là devrait d'abord passer sur son corps ».

Il n'a jamais refusé d'effectuer le moindre petit article à M... sur le champ de bataille. J'ai ri de bon cœur du dilemme dans lequel il s'est trouvé un jour : la mule qu'il avait montée pour se rendre au champ de bataille l'a emmené dans un endroit dangereux, où les obus volaient en masse, puis, s'arrêtant brusquement, par peur, obstinément refusait de bouger. C'était en vain que George lui donnait des coups de pied et le battait : il ne voulait pas partir ; alors, serrant la main, il le frappa violemment à la tête à plusieurs reprises, sauta à terre, courut chez lui et le quitta. La mule resta quelques minutes immobile, puis, regardant autour de lui et apercevant Georges à quelque distance de lui, se retourna et le suivit, tout à fait sagement.

Chaque jour, à mesure que les courriers entraient dans la ville, M... m'écrivait de petits billets, s'enquérant de notre bien-être et me racontant les progrès du siège. En retour, je lui écrivais sur notre sécurité, mais j'étais toujours prudent en parlant du danger auquel nous étions exposés. Je pensais que le pauvre M... avait de quoi l'essayer sans s'inquiéter pour nous ; j'ai donc fait peu de cas de mes peurs, qui en réalité s'estompaient rapidement. Chaque semaine, il venait s'enquérir personnellement. Dans ses lettres, il me chargeait particulièrement de faire attention aux provisions, afin que personne ne puisse savoir quels pourraient être nos besoins.

Dans une de ses lettres, il dit : « Je vis déjà de farine de pois et je ne peux pas imaginer que vous en arriviez là. » Une chose que j'avais apprise assez récemment dans ma grotte était de faire du bon pain : un de mes voisins de la grotte m'avait donné de la levure et des instructions. À mon tour, j'avais demandé à un serviteur de faire en sorte que lorsque nous utilisions la farine, elle puisse être présentée sous une forme plus attrayante.

Un matin, après le petit déjeuner, les obus commencèrent à tomber si abondamment autour de nous qu'ils semblaient dirigés vers l'endroit particulier où se trouvait notre grotte. Deux ou trois en tombèrent immédiatement derrière, explosant quelques instants avant d'atteindre le sol, et les fragments s'en allèrent en chantant au-dessus de notre habitation. A la fin, je fus tellement alarmé, car la grotte tremblait excessivement, pour notre sécurité, que je résolus, plutôt que d'être enterré vivant, de sortir de dessous la terre ; alors, prenant mon enfant dans mes bras et appelant les domestiques, nous courumes nous réfugier près des racines d'un grand figuier qui se ramifiait sur la berge et servait de protection contre les fragments de coquilles. Tandis que nous restions là tremblants, car les obus tombaient tout autour de nous, quelques-uns de mes amis messieurs s'approchèrent pour me rassurer, me disant que l'arbre nous protégerait et que la portée serait probablement modifiée dans peu de temps. Pendant qu'ils parlaient, un obus, qui semblait être d'une taille énorme, tomba en hurlant et en sifflant, juste devant l'entrée de notre grotte, à quelques pieds de l'entrée, envoyant une énorme colonne de fumée et de terre et secouant le sol. terrain le plus raisonnablement là où nous nous trouvions. Ce qui semblait très étrange, c'est que la terre se referma autour de la coquille et ne laissa que le sol nouvellement retourné pour montrer où il était tombé.

Il a fallu longtemps avant que la portée ne soit modifiée et que les effrayants missiles ne tombent au-delà de nous — bien avant que je puisse me résoudre à retourner dans notre maison tristement menacée.

Je constatai à mon retour que les murs étaient cousus ici et là de fissures, mais que la terre était restée ferme au-dessus de nous. J'en ai repris possession, avec résignation, mais avec crainte et tremblement.

CHAPITRE XII.

INCENDIE LA NUIT—UNE ÉCHAPPÉE ÉTROITE—CLAIR DE LUNE—OBQUES DU CHAMP DE BATAILLE—EMPLOI ET CIRCULATION.

Ma résolution passée m'ayant abandonné, les obus de mortier retentirent de nouveau avec une extrême terreur, et je mis plusieurs jours à retrouver la sérénité que j'avais atteinte depuis si longtemps. Cette nuit, comme quelques nuits auparavant, un grand incendie a fait rage dans la ville. On m'a dit qu'un grand entrepôt, rempli de magasins d'intendance, brûlait, projetant des lumières sinistres sur la ville dévouée ; et au milieu de tout tombèrent, avec des cris et de violentes explosions, jetant dans toutes les directions les fragments mortels, nos vieux et implacables ennemis, les obus de mortier.

La nuit était si chaude et la grotte si proche que j'ai essayé de m'asseoir à l'entrée, George disant qu'il surveillerait et préviendrait quand ils tomberaient sur nous. Bientôt, le bruit du canon se ferait entendre, et George, debout sur le monticule de terre meuble, près de la grotte, regardait attentivement vers le haut ; tandis que moi, le souffle suspendu, j'écoutais avec anxiété alors qu'il criait : « La voici ! aller sur!" puis encore : « Venir… tomber… tomber juste par là ! Alors je me levais d'un bond et j'hésitais un instant sur la protection de la grotte. Soudain, alors que l'on entendait la descente précipitée, j'y faisais une retraite précipitée, suivi des domestiques.

Cette nuit-là, je pouvais à peine dormir, tant les explosions étaient fortes et fréquentes. Avant notre retraite, George gisait sans la porte. Je m'étais levé vers midi, et j'observais les différentes lignes de lumière marquant le passage des obus, lorsque je remarquai que George n'était pas à sa place habituelle à l'entrée. En regardant dehors, j'ai vu qu'il dormait profondément, à quelque distance, et de nombreux fragments d'obus tombaient près de lui. Je l'ai réveillé en lui disant de venir à l'entrée pour des raisons de sécurité. A peine avait-il commencé qu'un énorme morceau d'obus arriva en sifflant, que George, heureusement, évita à temps, et tomba à l'endroit même où il dormait si récemment.

Craignant de me retirer, je m'assis au clair de lune à l'entrée, le carré de lumière qui s'étendait dans l'embrasure de la porte faisant ressortir en relief notre petit lit, avec l'enfant endormi, contre la paroi sombre de la grotte, provoquant le petit miroir. et un ou deux tableaux que j'avais accrochés au mur pour montrer des longueurs d'ombres déformées, teintant le châle cramoisi qui drapait l'entrée de ma petite loge, de lumière sur les plis extérieurs, et assombrissant dans l'ombre les courbes intérieures ; embellissant tout, cette lueur argentée du clair de lune, au sein de la terre sombre – embellissant mon cœur avec des pensées plus légères et plus pleines d'espoir. Quels que soient les péchés du monde qui nous ont amenés, aussi sombre et effrayante que soit la vie à laquelle l'homme puisse nous soumettre, notre Père céleste nous bénit toujours de la même manière avec la chaleur du soleil et la beauté de la lune, nous bénit toujours avec l'espoir que, lorsque notre labeur et notre travail ici sont terminés, la paix et la belle vie du ciel seront à nous.

Les jours passaient, et les obus de mortier passaient continuellement sans tomber près de nous ; de sorte que je me trouvai tout à fait à l'aise, en vue de notre danger, lorsqu'une des batteries fédérales en face des retranchements modifia sa portée ; de sorte que, vers six heures du soir, des obus Parrott arrivaient en vrombissant dans la ville, effrayant terriblement les habitants des grottes.

Notre politique de construction avait été de faire face directement à la rivière, et toutes les grottes étaient préparées aussi près que possible de cette manière. Comme les fragments d'obus continuaient avec la même impulsion après l'explosion, dans une seule direction, en avant, ils ne risquaient pas de nous atteindre, faisant ainsi face à leur trajectoire.

Mais c'était inattendu : des canons lançaient des obus depuis le champ de bataille directement à l'entrée de nos grottes. Vraiment, n'y aurait-il pas de repos mental pour les femmes de Vicksburg ?

La grotte que nous habitions se trouvait à environ cinq carrés de la digue. Un grand nombre de personnes en avaient été faites sur une colline immédiatement au-delà de nous ; et près de cette colline, nous pouvions voir tomber la plupart des obus. Les grottes étaient à la mode – la fureur – dans Vicksburg assiégée. Des nègres, qui connaissaient leur métier, se louaient pour les creuser, pour trente à cinquante dollars, selon la taille. Beaucoup de personnes, considérant différentes localités comme dangereuses, les vendaient à d'autres, moins chanceux ou moins prévoyants ; et la demande d'ouvriers des cavernes était si grande qu'une nouvelle branche d'industrie surgit et devint populaire, d'autant plus que la sécurité personnelle des ouvriers était assurée, ainsi que l'argent.

CHAPITRE XIII.

COQUILLES DE L'ARRIÈRE DE LA VILLE — DÉLIVRANCE PROVIDENTIELLE — PANTOMIME — FARINE DE POIS — ACCIDENT À L'HÔPITAL.

Il était environ seize heures, un mercredi soir – les bombardements de la journée s'étaient déroulés à peu près comme d'habitude – je lisais en toute sécurité, imaginais-je, lorsque le vrombissement indubitable des obus Parrott nous a dit que la batterie que nous redoutions tant avait été détruite. ouvert depuis les retranchements. J'ai couru jusqu'à l'entrée pour appeler les domestiques ; et immédiatement après leur entrée, un obus frappa la terre à quelques pieds de l'entrée, s'enfonçant sans exploser. J'ai couru jusqu'au petit vestiaire et je les entendais frapper de tous côtés autour de nous. Je m'accroupis contre le mur, car je ne savais pas à quel moment on pouvait frapper dans la grotte. Un homme entra, très effrayé, et demanda à rester jusqu'à ce que le danger soit écarté. Les domestiques se tenaient dans la petite niche près du lit, et l'homme se réfugiait dans la petite aune où j'étais stationné. Il n'était là que depuis peu de temps, debout devant moi et près du mur, lorsqu'un obus Parrott est arrivé en tourbillonnant à l'entrée et est tombé au centre de la grotte devant nous tous, fumant là. Nos yeux étaient fixés sur lui, tandis que nous nous attendions à chaque instant à la terrible explosion qui allait se produire. J'ai serré mon enfant plus près de mon cœur et je me suis rapproché du mur. Notre sort semblait presque certain. Le pauvre homme qui avait cherché refuge à l'intérieur était le plus exposé de tous. D'un élan soudain, je saisis une grande couverture double qui se trouvait à proximité et je la lui donnai afin de le protéger des fragments ; et nous restâmes ainsi un moment, les yeux fixés avec terreur sur le projectile de la mort, lorsque Georges, le jeune domestique, se précipita, saisit l'obus et le jeta dans la rue, courant rapidement dans la direction opposée. Heureusement, la mèche était presque éteinte et l'obus tomba inoffensif, restant près de l'entrée de la grotte, comme un trophée de l'intrépidité du serviteur et de notre remarquable évasion. J'étais très reconnaissant pour notre préservation, ce qui était le thème de conversation d'une journée entre nos voisins des grottes. L'incident de la couverture était également relaté ; et tous rirent de bon cœur de ma sage supposition que la couverture pouvait être une quelconque protection contre les lourds fragments d'obus.

Et ce n'était pas tout : j'eus l'occasion d'aller un soir à l'entrée de la grotte pour parler à Georges ; et là, devant un auditoire éclairé de serviteurs des grottes environnantes rassemblés près de lui, Georges faisait une grave pantomime de toute l'affaire. Il semble qu'il s'attendait à ce que le réfugié joue le rôle de sauveur dans notre extrémité et jette la coquille ; mais, comme il en était déçu, il le représenta devant l'auditoire de la manière la plus ridicule possible.

Approché tout près de la roue d'un chariot voisin, Georges étendit les yeux, tendant la main comme avec un bouclier, et se rétrécissant avec un semblant de terreur extrême, qui amusait énormément ses spectateurs : puis, changeant tout son personnage, il mis le port le plus courageux qu'on puisse imaginer, en poussant son chapeau, d'un air indépendant, sur le côté de sa tête ; et, prenant un air indifférent, il s'avança d'un pas nonchalant vers un gros morceau d'obus qui se trouvait commodément à proximité, l'attrapa à deux mains, lui donna un coup négligent et un lancer très différent de la réalité, tourna sur ses talons, marcha. retour au chariot, avec le pas oscillant particulier d'un nègre fier ; puis, appuyant son bras sur le volant, il observa négligemment son auditoire, avec un regard qui disait clairement : « Qu'en pensez-vous, négros ? Le groupe bénéficiaire s'est immédiatement mis à rire et à applaudir, comme une bande de *claqueurs* bien entraînés , dans laquelle ils furent bientôt rejoints par George lui-même.

Peu de temps après, j'ai reçu une note de M——, m'implorant de faire attention et de rester constamment dans la grotte. Je pouvais voir qu'il était inquiet et troublé face au nouveau péril venant du champ de bataille.

Et ainsi continuèrent les journées fatigantes – les journées longues et fatigantes – où nous ne pouvions pas dire sous quelle forme terrible la mort pourrait nous survenir avant le coucher du soleil. Une autre crainte qui troublait M... était que nos provisions ne nous suffisaient pas pendant le siège. Il me pressait fréquemment de ménager tout ce que j'avais, car des temps difficiles nous réservaient probablement ; me parla des soldats des retranchements, qui auraient volontiers mangé le pain qui restait de nos repas, car ils souffraient de toutes les privations, et que nos domestiques vivaient bien mieux que ces hommes qui défendaient la ville. Bientôt, la farine de pois devint pour nous aussi un aliment, et cela se révéla très désagréable. Pour lui donner une consistance convenable, nous étions obligés d'y mélanger de la semoule de maïs, qui cuisait tellement plus vite que la farine de pois, qu'elle brûlait avant que le pain ne soit à moitié cuit. Le goût était particulier et désagréable.

Cependant, cela s'est vite révélé malsain, car les soldats ont de nouveau été autorisés à tirer des rations de la farine de maïs restante, les pois dans le grain étant ensuite bouillis avec de la viande. Nous éprouvions en effet les rigueurs et les difficultés d'un siège, car nous ne mangions plus que de la viande et du pain.

Pourtant, nous n'avions rien à redire par rapport aux soldats : beaucoup d'entre eux étaient malades et blessés dans un hôpital situé dans les quartiers les plus exposés de la ville, avec des obus tombant et explosant tout autour d'eux. Un obus a traversé complètement un hôpital du centre de la ville, sans exploser ni blesser personne, sauf par le choc sévère des invalides: un fragment a ensuite traversé le côté de la même maison, fracturant gravement la hanche d'un soldat, qui gisait déjà blessé ; un ou deux blessés ont également été tués par des fragments d'obus alors qu'ils étaient à l'hôpital.

CHAPITRE XIV.

CHIENS — CHEVAUX — DESCENTE D'UN COQUILLE À
TRAVERS UNE GROTTE — CRIS D'UNE MÈRE — MAISONS
DÉSERTES — SILENCE.

Même les animaux semblaient partager la peur générale d'une mort soudaine et effrayante. On voyait les chiens au milieu du bruit galoper dans la rue, puis revenir, comme si la peur les avait rendus fous. En entendant la chute d'un obus, ils s'écartaient en courant, puis, au moment où il explosait, s'asseyaient et hurlaient de la manière la plus pitoyable. Il y en avait beaucoup qui marchaient dans la rue, apparemment sans domicile. George menait une guerre continuelle avec eux, alors qu'ils s'approchaient du feu où préparaient nos repas.

Au milieu d'autres pensées misérables, il m'est venu un jour à l'esprit que ces chiens, par la faim, pourraient devenir aussi redoutables que les loups. Cette inquiétude était sans fondement, car au bout d'une semaine ou deux, ils avaient presque disparu.

Les chevaux, appartenant aux officiers et attachés aux arbres près des tentes, tendaient fréquemment le licou sur toute sa longueur, se cabrant haut dans les airs, avec un grand reniflement de terreur, comme un obus explosait à proximité. Je les entendais dans la nuit crier au milieu du tumulte, se terminant par un hennissement sourd et plaintif de peur.

Les pauvres créatures subsistaient entièrement de tiges de canne et de feuilles de mûrier. Beaucoup de mulets et de chevaux avaient été conduits hors des lignes, sur ordre du général Pemberton, pour leur subsistance. Il ne restait plus que suffisamment de mules, appartenant à la Confédération, pour permettre à trois équipes complètes de constituer un régiment. La propriété privée n'a pas été touchée.

Assis dans la grotte, un soir, j'ai entendu les cris et les gémissements les plus déchirants. On m'a raconté qu'une mère avait emmené un enfant dans une grotte à une centaine de mètres de chez nous ; et l'ayant déposé sur son petit lit, comme le croyait la pauvre femme, en sécurité, elle s'assit près de l'entrée de la grotte. Un obus de mortier s'est précipité dans les airs et est tombé avec beaucoup de force, pénétrant dans la terre au-dessus de l'enfant endormi – pénétrant dans la grotte – oh ! Le spectacle le plus horrible pour la mère – écraser la partie supérieure de la petite tête endormie et emporter la jeune vie innocente sans qu'un regard ou une parole d'amour passager ne soit conservé dans le cœur de la mère.

J'étais assis près du carré de clair de lune, silencieux et triste, entendant les sanglots et les cris, entendant les gémissements d'une mère pour son enfant mort, l'enfant qui, il y a quelques instants, vivait pour se caresser et aimer, prononçant les paroles tendres qui m'attirent tant. le lien de la mère et de l'enfant. Oh, la petite tombe solitaire ! si lointain, et pourtant si toujours présent avec moi ; la tête auburn et ensoleillée que j'ai posée là six mois après le début de cette terrible guerre !

Je ne pouvais pas entendre ces sanglots et ces cris sans penser à la nuit — cette nuit dernière — où j'ai tenu ma chérie contre mon cœur, pensant que, bien que si soudainement frappée et si effrayée, elle vivrait encore pour être une bénédiction pour moi. Et le terrible réveil ! — de découvrir que, couchée dans mes bras, comme je le croyais, elle allait vite — vers l'éternité lointaine et inconnue ! Glissant de mon étreinte, la vie précieuse a été appelée par Quelqu'un si puissant, si tout-puissant, et pourtant si miséricordieux, que j'ai incliné la tête en silence.

Pourtant, les gémissements de la mère endeuillée étaient portés par l'air agréable, flottant à travers la scène argentée au clair de lune — attristant les cœurs qui n'avaient jamais connu le chagrin et éveillant des cordes de sympathie dans des cœurs qui auparavant avaient tremblé et souffert. Pourtant, « il vaut mieux avoir aimé et perdu que de ne jamais avoir aimé du tout ». Oui, mieux vaut le tendre souvenir d'une vie cachée qui brille à jamais dans nos cœurs ; Mieux encore, diront tous ceux qui ont connu la lumière et la consolation données d'en haut, lorsque nous nous jetons devant son trône dans une misère totale et que nous nous levons forts - forts dans la force qui ne faiblit jamais - la force du Seigneur. Le désert qui n'a pas connu les oasis de vie, bien que dévasté et flétri par le sirocco brûlant qui le traverse, ne peut connaître les gouttes rafraîchissantes et douces qui apportent une verdure renouvelée et plus tendre.

Comme cette vie à Vicksburg est triste ! Comme nous pouvons nous sentir peu en sécurité, alors que tant de personnes autour de nous voient la lumière du matin et ne verront plus jamais la nuit ! Je ne pouvais pas rester tranquillement assis devant tant de chagrin ; et, quittant mon siège, je fis les cent pas devant l'entrée basse de ma maison. La cloche du palais de justice sonna douze heures ; et bien que les obus tombaient lentement encore autour de l'endroit où la jeune vie s'était éteinte, des amis allaient et venaient pourtant de cet endroit.

Comme la main de la guerre s'est abattue sur la ville ! même dans la lumière adoucie de la lune, les maisons fermées et désolées, les jardins aux portes entrouvertes, et le bétail debout au milieu des plus belles fleurs et de la plus belle verdure ! Cette insouciance d'apparence et cette évidente hâte de départ étaient visibles partout : les habitants, en cette époque périlleuse, ne ressentaient qu'une inquiétude pour leur sécurité personnelle et la solidité de leurs maisons troglodytes.

Les gémissements de douleur venaient lentement et plus indistincts, jusqu'à ce que tout soit silencieux ; et la mère endeuillée a dormi, j'espère – a dormi pour ressentir, au réveil, une sourde pression de douleur dans son cœur, et dans la première collection de facultés, elle se demandera ce que c'est. Alors ses soins pour l'enfant reviendront, et le nouveau chagrin lui reviendra – disparu, disparu pour toujours !

Il lui faudra des jours pour en prendre pleinement conscience, puis elle luttera et deviendra forte. Dieu dans sa miséricorde aide les pauvres cœurs humains qui souffrent, luttent et se renforcent au cours de ces tristes années de guerre ! Personne ne venait maintenant – aucun mot pour montrer que la vie battait encore dans la ville silencieuse.

L'air frais annonçait le matin à venir : les canons étaient immobiles. La paix régna pendant une courte période dans la ville troublée ; et, dans le calme parfait qui régnait, mes yeux devinrent lourds, et je cherchai de nouveau mon lit, cette fois pour me reposer paisiblement jusqu'à ce que la joyeuse lumière du matin se lève sur nous.

CHAPITRE XV.

UNE EXCITATION—NAUFRAGE DU CINCINNATI—SKY PARLOR HILL—PERSPECTIVES Émouvantes.

Avec l'aube revinrent les anciennes inquiétudes et la méfiance, car les obus tombaient de nouveau en masse autour de nous ; et je passai une heure ou deux en reculs et en exclamations continuelles. Enfin nos bourreaux s'éloignèrent plus loin, et je me sentis de nouveau soulagé de mon anxiété.

A dix ou douze heures, nous vîmes, malgré les chutes continuelles des obus, des messieurs se précipiter vers la rivière. Bientôt, nous entendîmes le grondement des batteries fluviales confédérées, puis tout devint silencieux. Qu'est-ce que cela pourrait signifier ? Je n'ai pas osé regarder au dehors ; alors je restai assis, attendant que quelqu'un vienne à moi. Enfin un ami parut, qui, de la manière la plus triomphale, nous annonça que les confédérés avaient mis en déroute la flotte fédérale. Les canonnières s'étaient formées en ligne de bataille, naviguant majestueusement, avec le Cincinnati, l'un des meilleurs bateaux de la marine fluviale, menant l'attaque.

Elle descendit rapidement autour de la pointe de la péninsule - les canons de signalisation silencieux - lorsque la batterie, contenant le canon Brooks, s'ouvrit sur elle, alors qu'elle arrivait à portée. Le premier coup de feu abattit le drapeau ; la seconde la frappa au côté ; et le troisième, la balle Brooks, avec le coin en acier, découpé dans les plaques de fer près du bord de l'eau. Elle se retourna immédiatement et remonta la rivière dans un état de naufrage. Les bateaux restants ont également changé de cap et se sont retirés. Le Cincinnati avait à peine tourné la pointe, qu'il coula près du rivage.

« Ah ! Oui!" dit le major, sans l'heureux naufrage du Cincinnati, vous auriez pris conscience d'une guerre effroyable qui fait rage dans la ville. Si les bateaux s'étaient opposés et avaient engagé nos batteries, les tirs auraient été formidables.

Le major nous a également dit que de nombreuses dames avaient été tellement intéressées par les fiançailles attendues qu'elles étaient montées sur Sky Parlour Hill pour avoir une meilleure vue.

On a dit que les canons fédéraux n'ont jamais été suffisamment élevés pour lancer des obus et tirer aussi haut que Sky Parlour Hill ; cependant, je n'aimerais pas risquer ma vie par simple curiosité, alors qu'il n'était pas possible de rendre quelque service que ce soit.

Le Sky Parlour Hill est ainsi appelé à cause de sa hauteur extrême, car il s'agit d'une partie de la falaise qui se trouvait là où se trouve aujourd'hui la principale rue commerciale, le nivellement de la ville ayant réduit la majeure partie de l'élévation. La colline occupe maintenant environ une place – soit la distance de deux places de la rivière – et constitue un élément marquant de toutes les parties de la ville. Une allée accidentée serpente d'un côté jusqu'à la montée raide, et une longue et vertigineuse volée de marches en bois montent de la rue du côté opposé.

Elle est surmontée d'une petite maison que l'on pourrait imaginer surmontée de « la tige de haricot », dans la célèbre histoire de « Jack », pittoresque et ancienne, mais que les premiers habitants auraient qualifiée de « belle maison ».

La vue — et c'est pour cela que l'endroit est visité — est bonne, tant sur la ville que sur la rivière, à quelques milles au-dessus. Des foules de personnes s'y rassemblent à l'occasion de tout déplacement en direction du fleuve.

Une grosse malle a été récupérée après le naufrage du Cincinnati, appartenant à un chirurgien à bord. Il contenait des instruments chirurgicaux précieux qui ne pouvaient être achetés dans la Confédération ; une lettre également, écrite à la femme du gentleman avant le départ de la flotte d'en haut, lui disant que la lettre serait postée à Vicksburg, car il n'y avait aucun doute que l'endroit serait pris lorsqu'une attaque serait lancée depuis le rivière.

On a également dit que le commodore Porter se trouvait à bord du Cincinnati. Comment le fait avait-il été établi, personne ne pouvait le dire.

Peu de temps après le naufrage du Cincinnati, je reçus une note de M..., me disant qu'il était très inquiet au sujet de notre sécurité dans la ville, craignant qu'un jour un obus de mortier ne tombe sur notre grotte, ou que le bruit constant ne nous frappe. les secousses de la terre provoquées par l'explosion imminente pourraient la faire se briser et tomber sur nous. Il avait donc décidé de me faire construire une maison près du champ de bataille, où il était stationné, une maison qui serait entièrement hors de portée des obus de mortier. J'ai été positivement choqué par l'idée d'aller sur le champ de bataille ! où la balle et l'obus tombaient sans interruption. M... était-il sérieux ? Je pouvais à peine y croire.

Un ami est venu peu après et m'a dit que je trouverais ma maison sur le champ de bataille bien plus agréable et sûre que celle de la ville – que nous n'étions protégés des fragments que dans notre grotte – que sur le champ de bataille les missiles étaient de beaucoup moins de poids et en chute beaucoup moins dangereuse.

Nous devions assister à notre dernière et plus proche explosion d'obus de mortier inoubliables avant notre départ. M... m'avait écrit pour être prêt le lendemain soir. Comme la lune ne brillait pas, les tirs des batteries fédérales cessaient à la tombée de la nuit, après quoi nous pouvions sortir sans

interruption. J'étais ravi à la perspective d'un changement dans nos vies
moisies et j'attendais avec impatience notre balade - même après la tombée
de la nuit - avec le plus grand plaisir.

CHAPITRE XVI.

CHUTE D'UN COQUILLE AU COIN DE MA GROTTE— MUSIQUE—VICTES DU JOUR.

J'étais assis près de l'entrée, vers cinq heures, pensant au changement agréable — oh, bénissez-moi ! — que demain apporterait, lorsque le bombardement commença plus furieusement que d'habitude, les obus tombant en épaisseur autour de nous, provoquant de vastes des colonnes de terre s'envolaient vers le haut, mêlées de fumée. Comme d'habitude, je ne savais pas si je devais rester à l'intérieur ou m'enfuir. Comme le balancement et le tremblement de la terre étaient très distinctement ressentis et que les explosions étaient imminentes de manière alarmante, je me tenais à l'entrée de la grotte, prêt à m'échapper, si une chance de tomber au-dessus de notre domicile. Dans mon anxiété, j'ai été surpris par les cris des serviteurs et par un tremblement de terre des plus effrayants, suivi d'une explosion assourdissante, comme je n'en avais jamais entendu auparavant. La grotte se remplit instantanément de fumée de poudre et de poussière. Je me tenais debout avec une sensation de picotement et de picotement dans la tête, les mains et les pieds, et avec un cerveau confus. Pourtant vivant ! — fut la première pensée heureuse qui me vint ; — enfant, serviteurs, tous ici, et sauvés ! — d'un grand danger, me sentis-je. Je suis sorti et j'ai trouvé un groupe de personnes devant ma grotte, me cherchant anxieusement ; et tout autour, fraîchement arrachés, des rosiers, des tonnelles, de grosses mottes de terre, des éclats, des morceaux de planches, de bois, etc. Un obus de mortier avait frappé le coin de la grotte, heureusement si près du sommet de la colline, qu'il s'était enfoncé obliquement dans la terre, explosant au passage, brisant de grandes masses du flanc de la colline, arrachant la clôture, le des arbustes et des fleurs, balayant tout, comme une avalanche, près de l'entrée de mon bon refuge.

J'étais consterné et j'ai observé les ravages qui avaient été faits autour de moi, alors que notre petite famille avait été miséricordieusement préservée. Bien que de nombreux domestiques voisins se trouvaient à ce moment-là, aucun n'avait été blessé le moins du monde ; pourtant des morceaux de planches, des fragments de terre et des éclats étaient tombés dans toutes les directions. Une partie de la terre du toit de ma grotte avait été délogée et tombée. En gardant cela, il est resté intact.

Ce soir-là, des amis étaient assis avec moi : l'un d'eux a pris ma guitare et nous a joué de jolis petits airs ; cependant le bruit des obus jetait une discorde parmi les harmonies. Pour moi, cela ressemblait à l'esprit écrasant et amer de la haine près de la lumière et de la grâce du bonheur. Comment pourrions-nous chanter et rire au milieu de nos semblables qui souffrent, au milieu du cri de la mort elle-même ?

Ceci ne fait que briser la monotonie quotidienne de nos vies ! – cette connaissance passionnante d'une mort soudaine et horrible survenant près de chez nous, racontée ce soir et oubliée dans le renouvellement de demain ! – cette triste nouvelle d'un jour de Vicksburg ! Un petit enfant nègre, jouant dans la cour, avait trouvé une coquille ; en le faisant rouler et en le tournant, il avait innocemment pilonné le fusible ; la terrible explosion s'ensuivit, montrant, à mesure que le nuage de fumée blanche s'éloignait, les restes mutilés d'une vie qui, dans le cœur de la mère, avait eu toute la beauté et la joie.

Une jeune fille, fatiguée par l'étroitesse de la grotte, courut en toute hâte vers la maison dans l'intervalle qui s'écoulait entre les obus qui tombaient lentement. En revenant, une explosion retentit près d'elle - un cri sauvage, et elle courut vers sa mère, s'enfonçant comme une colombe blessée, le sang vital coulant sur la légère robe d'été en ondulations cramoisies à cause d'une blessure mortelle au côté, causée par le fragment de coquille.

Un fragment avait également touché et brisé le bras d'un petit garçon jouant près de l'entrée de la grotte de sa mère. C'était le récit d'une journée.

J'ai raconté la grande détresse de ma petite fille lorsque les obus tombaient en masse près de nous, comment elle courait vers moi, essoufflée, cachant sa tête dans ma robe, sans un mot ; puis, regardant prudemment, avec son visage anxieux et interrogateur, elle disait : « Oh ! maman, c'était un tir de mortier ? Pauvres enfants, que leurs petits cœurs souffrent et tremblent au milieu de ces horreurs quotidiennes de la guerre !

Le lendemain soir, vers quatre heures, le cher visage de M... apparut. Il nous dit qu'il avait entendu parler de tout le danger que nous avions traversé et qu'il était extrêmement désireux de nous mettre hors de portée des obus de mortier et près de lui ; il pensait aussi que nous trouverions notre nouvelle demeure sur le champ de bataille bien supérieure à celle-ci ; il souhaitait que nous sortions le plus tôt possible. Comme à cette heure du soir, depuis une semaine, les canons fédéraux étaient restés silencieux jusqu'au coucher du soleil, il me pressa d'être prêt le plus tôt possible ; alors j'ai hâté nos arrangements, et nous étions bientôt dans l'ambulance, roulant à grande vitesse vers les stands de fusiliers.

Ô le beau soleil et l'air frais du soir ! Comme tout cela semblait brillant et délicieux après mon incarcération sous terre ! Je me tournai pour regarder encore et encore le soleil couchant et la brillante lueur cramoisie qui imprégnait l'atmosphère. Tout semblait joyeux et radieux : le ciel, les fleurs et les arbres le long de notre route, la brise fraîche et parfumée, tout, à l'exception de temps en temps du grondement maussade du mortier, alors qu'il jetait lentement son obus mortel sur la vie que nous étions. laissant derrière nous.

S'il n'y avait pas eu les pauvres âmes encore à l'intérieur, j'aurais pu applaudir dans un jubilé joyeux et provocant en entendant les nouvelles, car je pensais que je laissais ma plus grande peur de notre vieil ennemi dans la grotte désolée dont j'avais pris possession. mon dernier regard méprisant ; pourtant, la peur m'est revenue de force par la suite.

CHAPITRE XVII.

CHEMIN DES FORTIFICATIONS — NOMBRE DE GROTTES LE
LONG DE LA ROUTE — ASPECT DE LA NOUVELLE MAISON —
CHANGEMENT DE MISSILES.

La route que nous parcourions était nivelée à travers les collines ; et de tous
côtés nous pouvions voir, disséminées parmi les falaises terreuses, la vue
inépuisable de grottes – de grandes grottes et de petites grottes – certaines
découpées substantiellement, spacieuses et confortables, avec des renforts et
des supports partout – de nombreuses seulement assez grand pour qu'un
seul homme puisse s'y réfugier debout ; — encore une fois, dans un endroit
bas de la terre se trouvait un siège pour un passant en cas de danger.

Continuant notre route rapidement, nous atteignîmes les faubourgs de la
ville, où la route devint ombragée et agréable, avec encore des grottes à
chaque grande excavation de route, rappelant beaucoup les innombrables
trous que font les hirondelles en été ; car les obus de mortier et les obus
Parrott disputaient ce district ; et une grotte, quelle que soit sa direction,
n'était pas à l'abri des fragments. M... pressa impatiemment le conducteur,
craignant que lorsque les tirs recommencèrent, nous ne soyons encore sur la
route. Soudain, un détour de route fit apparaître deux grands forts sur les
collines au-dessus de nous ; et passant devant un ravin près de l'un d'eux,
l'ambulance s'arrêta. Ici, nous avons vu deux ou trois petits bancs d'essai
d'obus et de bombes creusés dans la terre, recouverts de rondins et de gazon.
Nous fûmes emmenés en toute hâte et partîmes vers notre maison, lorsque
j'entendis un coup d'air (le terme le plus expressif que je puisse utiliser pour
ce son particulier) au-dessus de ma tête ; et les boules tombaient en masse
autour de moi, entraînant avec elles des feuilles et de petites brindilles des
arbres.

J'ai ressenti un soudain élan dans mon cœur ; mais les soldats campaient à
proximité, et beaucoup observaient avec précaution l'effet de la chute
soudaine du métal autour de moi. Je n'aurais pour rien au monde montré de
la peur ; alors, fort de mon orgueil, je marchais d'un pas ferme et régulier,
malgré les suggestions perfides de mon cœur qui battait un fort « Cours,
cours ». M..., craignant à chaque instant que je ne tombe à ses côtés,
m'entraînait anxieusement. A peu de distance se trouvait le bureau de
l'adjudant, où nous nous réfugiâmes jusqu'à ce que les tirs deviennent moins
violents. Ici, nous avons trouvé des amis et avons discuté quelque temps.

Le « bureau » était une excavation carrée creusée dans le flanc de la colline,
recouverte de rondins et de terre, apparemment assez fraîche et confortable.
J'avais été confiné depuis si longtemps dans un espace étroit de terre, que la

lumière du jour, les arbres verts et un espace spacieux devenaient pour moi un nouveau plaisir. Au coucher du soleil, la chute rapide des boulets et des obus cessa ; et nous sommes repartis pour notre maison. J'empruntai un petit sentier qui partait du ravin et montait sous un arc insouciant et gracieux de vignes sauvages, dont les rameaux oscillants étaient écartés ; et une pièce basse et longue, creusée dans le flanc de la colline et ombragée par la croissance des arbres forestiers alentour, s'est présentée à mes yeux comme notre future maison. Quel endroit agréable, après la petite grotte toute proche de la ville ! — assez grande pour deux pièces — les murs arrière et latéraux solides en terre, l'inclinaison de la colline ramenant le mur à environ quatre pieds à l'entrée, laissant les espaces au-dessus, entre le mur et le toit, pour la lumière ; le côté, donnant sur la route traversant le ravin, était entièrement ouvert, mais à l'abri des regards par les vignes groupées au-dessus du sentier.

J'en ai pris possession avec plaisir. Une couverture, tendue en travers du centre, nous faisait deux pièces de bonne dimension : la pièce de devant, avec un morceau de tapis posé pour nous protéger de l'humidité du parquet, et deux ou trois chaises, formait notre petit salon ; et la pièce du fond, calme et retirée, la chambre. Au-dessus de la terre ou de notre maison, soutenus par d'énormes étais fourchus, se trouvaient des troncs de petits arbres disposés les uns à côté des autres ; par-dessus cela, des broussailles, des branches et des feuilles, et recouvrant tout cela l'épaisseur de deux ou trois pieds de terre battue de manière compacte, et considérée comme parfaitement à l'abri des balles Minié et des obus Parrott ou shrapnell.

Nous avons fait tirer notre tente sur le devant, ce qui en fait une véranda très agréable ; car une étroite terrasse avait été aménagée le long de l'entrée, à partir de laquelle la colline descendait brusquement jusqu'à la route dans le ravin en face de la demeure ; à l'arrière, la colline s'élevait abruptement au-dessus de nous. Tout était calme ce soir, comme c'est habituellement le cas, m'a-t-on dit, lorsque la lune ne brille pas brillamment.

Les commandants fédéraux craignent que les Confédérés ne s'efforcent d'améliorer leurs défenses au clair de lune, ce qui est certainement fait, tir ou non, car les fortifications ont besoin d'un renforcement constant, étant souvent gravement déchirées par les obus Parrott.

Le lendemain matin, à quatre heures, je fus réveillé par un parfait tumulte dans l'air : l'explosion des éclats d'obus et le cliquetis des éclats d'obus autour de nous me rappelèrent que mes dangers et mes soucis n'étaient pas encore terminés. Avec quelle rapidité et quelle épaisseur tombaient les obus et les balles Minié – Parrott de différentes tailles – cartouches et plombs solides, jusqu'à ce que je sois presque assourdi par le bruit et les explosions ! Je m'étendais et pensais aux pauvres soldats en bas, dans le ravin, avec seulement leurs tentes au-dessus de la tête ; et il semblait que, dans cette tempête de missiles, il fallait tous les tuer. Comme il est étrange que ces tempêtes de projectiles fassent si peu de victimes !

Notre petite maison a noblement résisté à l'épreuve. Nous étions sur la première ligne de collines en arrière des hauteurs fortifiées ; et, bien sûr, nous ressentions toute la force de la fusillade très énergique et constamment entretenue ; et étant si proche, beaucoup de ceux qui franchissaient la première ligne de collines tombaient directement autour de nous.

CHAPITRE XVIII.

MATIN—CHARGE DU GÉNÉRAL BURBRIDGE—HORREURS DE LA GUERRE—UNE DÉCOUVERTE IMPORTANTE.

Comme cette matinée est rosée et agréable ! Je regardais depuis la petite terrasse, respirant l'air frais et découvrant les nouveaux environs, aussi loin que mon regard s'étendait, car il n'était pas prudent de s'aventurer hors de la couverture de la grotte - le ravin devant moi, ombragé et sombre. , et frais — le soleil se lève tout juste au sommet de la colline et éclaire les branches supérieures des grands arbres. En haut du ravin, le quartier général, les chevaux étaient attachés, se levant paresseusement et secouant leurs manteaux après une nuit de repos au sol, secouant leur somnolence pour commencer le petit-déjeuner composé de feuilles de mûrier. Au milieu des chutes constantes des balles de fusil, les oiseaux chantaient aussi doucement et volaient aussi gaiement d'arbre en arbre, que s'il y avait la paix et l'abondance dans le pays. Il n'y en avait certainement pas beaucoup à Vicksburg, comme l'aurait dit quiconque avait été invité à notre petit petit-déjeuner ce matin-là : du bacon et du pain étaient tout ; et j'y étais tellement habitué, que j'obéis aux appels pour le déjeuner avec réticence ; manger, pratiquement, pour survivre, sans le moindre goût pour la nourriture que j'étais obligé de mastiquer et d'avaler.

Pourtant, tous ont accueilli leurs épreuves avec gaieté. Les messieurs, qui déjeunèrent avec nous ce matin-là, riaient et se réjouissaient des rations, et me parlaient de la viande de mulet qui allait bientôt nous être servie.

Ils parlaient d'une charge qui avait été lancée très vaillamment par le général Burbridge et les troupes fédérales sous son commandement sur les retranchements confédérés : ils s'étaient précipités par-dessus les parapets et dans les fosses à fusils, chassant les soldats sudistes. Tout le camp confédéré voisin de l'endroit se leva dans une excitation furieuse, les officiers et les soldats lançant des grenades à main sur les intrus, jusqu'à ce qu'ils soient forcés de se retirer après avoir occupé la place pendant un certain temps. On m'a dit que le général Burbridge avait fait remarquer en riant à un officier confédéré, pendant la trêve, que rester dans les retranchements sous le soleil brûlant et se faire lancer des grenades à main à profusion était un travail aussi chaleureux qu'il le souhaitait. entreprendre en une journée.

Après que les troupes fédérales eurent quitté les retranchements, un trou fut découvert dans la terre meuble des parapets qui provoqua beaucoup d'amusement parmi les soldats confédérés - un grand trou où l'un des fédéraux s'était littéralement creusé pour sortir des fosses. « Je pense qu'il ressemble en quelque sorte à une taupe », commenta sagement l'un des soldats.

Un drapeau de trêve avait été envoyé par le commandant fédéral, demandant l'autorisation d'enterrer les tués et d'enlever les blessés laissés sur le terrain, dans le cadre d'une des charges qui avaient été portées sur les lignes confédérées.

La demande avait été refusée par le général Pemberton. Ensuite les effluves des cadavres devinrent si intolérables, qu'il fut obligé à son tour de demander une trêve et de prier les officiers fédéraux d'enterrer leurs morts. J'ai appris avec tristesse qu'un jeune lieutenant fédéral avait été grièvement blessé et abandonné sur le terrain par ses camarades. Il avait vécu dans cet état du samedi au lundi, allongé sous un soleil brûlant, sans eau ni nourriture ; et les hommes des deux côtés pouvaient être témoins de l'agonie de la vie ainsi prolongée, sans pouvoir l'aider d'aucune façon. En effet, j'ai été heureux d'apprendre que le pauvre homme était décédé lundi matin. Un autre soldat resté sur le terrain, grièvement blessé à la jambe, avait mendié pitoyablement de l'eau ; et se trouvant près des retranchements confédérés, ses cris étaient tous dirigés vers les soldats confédérés. Les tirs étaient les plus violents là où il gisait ; et c'eût été au péril de sa vie que d'aller vers lui ; pourtant, un soldat confédéré demanda et obtint la permission de lui porter de l'eau, et se leva et l'éventa au milieu des tirs, tandis qu'il buvait avidement à la gourde du soldat héroïque.

L'officier qui raconta ce petit incident n'avait pas encore obtenu le nom du noble homme. En vérité, « les plus courageux sont les plus tendres ; les aimants sont les audacieux. Comme il était généreux, comme il était vraiment courageux, celui qui oserait ainsi mourir ! qui, au péril de sa vie, accomplirait un acte véritablement chrétien ! Oh! si tous les hommes n'étaient que de vrais partisans du Prince de la Paix, comme cette guerre serait courte ! Si seuls des chrétiens s'efforçaient d'accomplir leur devoir à tous égards, nous n'aurions pas cette grande souffrance. Il y en a suffisamment dans le monde qui adorent Celui qui est mort pour que tous soient heureux – assez pour se tenir devant les chefs de la nation chrétienne et implorer en son nom qu'il y ait miséricorde pour ces milliers de mourants et de sang – que ces frères, fils et les maris ne peuvent pas rester déchirés, enflés et se tordant sous le soleil brûlant, les yeux brûlants et la langue desséchée, loin, loin de ceux qui sont impuissants à les secourir en cette période effrayante ; et, avec ces supplications, il monterait des prières vers Celui qui récompense les artisans de paix comme des enfants de Dieu – des prières provenant de nombreux cœurs endoloris et déchirés par les larmes ; et l'amertume féroce, les conflits et la haine qui animent tant les hommes pâliraient devant cette bénédiction. S'ils échouent et que le mal continue, alors ils ont fait leur devoir ; et ils trouveront miséricorde, non pas là où l'erreur du jugement de l'homme la retient, mais devant Celui pour qui le moindre d'entre eux a une valeur incalculable.

Un matin, George fit une découverte importante : une souche de sassafras nouvellement fabriquée, tout près de la grotte, avec de grosses racines s'étendant dans toutes les directions, nous fournissant une veine inépuisable de thé pour une utilisation future. Nous buvions de l'eau avec nos repas avant cette révélation ; le café et le thé faisaient depuis longtemps partie des choses qui existaient dans l'armée. Cependant nous étions plus heureux que beaucoup d'officiers, d'avoir accès à une excellente citerne près de chez nous ; tandis que beaucoup de nos amis utilisaient de l'eau boueuse ou de l'eau de rivière qui, transportée sur une si grande distance, devenait extrêmement chaude et désagréable.

CHAPITRE XIX.

UN PRÉSENT ACCEPTABLE – LA FAIM – DEMI-RATIONS –
DANS LES FOSSES À CARABINES.

Un domestique m'apporta un jour un cadeau d'un officier, qui était effectivement acceptable : deux grosses pommes jaunes, mûres, de juin, scellées dans une grande enveloppe. Pour moi, ils étaient aussi variés que l'auraient été les ananas.

Une autre fois, un monsieur m'envoya quatre grosses tranches de jambon, ayant eu le bonheur de s'en procurer lui-même un petit morceau. De temps en temps, des messieurs en visite nous apportaient, à ma petite fille et à moi-même, un petit article qu'il était impossible de se procurer ; et seuls ceux qui ont subi de semblables privations peuvent comprendre combien nous étions vraiment reconnaissants de ces petites bontés. Un jour, un ami nous a apporté des fruits qui lui avaient été offerts. Pendant que nous causions, ma petite fille de deux ans, assiégée par la faim, l'a tranquillement sécurisé et, assise par terre, a mangé avec avidité. Quand elle eut presque tout fini, elle se tourna vers moi, avec un visage brillant et très satisfait, en me disant : « Maman, c'est tellement bien ! » — la première indication que j'eus que ma part avait disparu. Cher enfant; Je tremblais pour elle dans les plus grandes épreuves que je croyais nous réserver. Les fruits et légumes ne devaient pas être achetés à n'importe quel prix. Chacun ressentait le pressentiment d'un problème plus grave, la grande peur de la famine qui nous regardait tous en face, obligeant ceux qui possédaient un article sous forme de produits comestibles à le conserver pour cette période que tous attendaient avec impatience - quand nous aurions venir au besoin réel.

Déjà les hommes dans les camps de fusiliers recevaient des demi-rations — de la farine ou de la farine suffisante pour fournir du pain en quantité équivalente à deux biscuits en deux jours : beaucoup d'entre eux mangeaient tout d'un coup, et le lendemain jeûnaient, préférant, comme ils disaient : prendre un bon repas.

Ils restèrent donc toute la journée à l'étroit dans les fosses, leurs rations cuites dans la vallée et apportées à eux, n'osant guère changer de position et se tenir debout, car les tireurs fédéraux guettaient les têtes ; et s'élever au-dessus des parapets était une mort presque certaine. Souvent, un obus Parrott pénétrait dans les retranchements et, explosant, causait d'effroyables blessures et la mort le plus souvent. "Ah!" dit un jour M..., c'est aux nobles hommes dans les stands de fusiliers que Vicksburg devra quelque honneur qu'elle pourra gagner dans ce siège. Je les vénère, car je les vois endurer toutes les privations avec courage et patience, soucieux uniquement de la haute réputation de la ville.

Ils s'amusaient, couchés dans les fosses, à découper des petits bibelots dans le bois du parapet et les boules de Minié qui tombaient autour d'eux. Le major Fry, du Texas, excellait en habileté et en invention, je pense : il m'a envoyé un jour un fauteuil qu'il avait découpé dans une balle Minié - l'affaire la plus minutieuse du genre que j'aie jamais vue, et pourtant parfaitement symétrique. Une autre fois, il m'a envoyé une petite charrue fabriquée avec du bois de parapet, avec des traces de plomb, et une pointe de plomb fabriquée avec une boule de Minié.

J'avais souvent remarqué avec quelle gaieté les soldats supportaient les rigueurs du siège. Je les voyais souvent passer avec leurs petits sacs contenant de maigres rations, sifflant et bavardant agréablement, tandis qu'autour d'eux volaient en masse les balles et les obus.

Pauvres hommes, pourtant si mal exploités, et subissant tant de privations !

CHAPITRE XX.

Un matin pluvieux, une trombe marine, une expérience lamentable, des perspectives plus brillantes, un dormeur malheureux.

Les nuages s'étaient obscurcis autour de nous toute la journée et la nuit nous avions la perspective d'un orage. M... a envoyé George avec une bêche pour inciser la terre autour du toit de notre maison et élargir le fossé d'eau tout autour ; pourtant, ce n'est que le lendemain matin que la pluie commença à tomber. À la lumière du jour, j'entendis M... donner rapidement des ordres pour tasser fermement la terre, approfondir le fossé et surveiller le fond de la grotte.

J'ai ouvert les yeux pour voir sans l'obscurité et l'obscurité d'un jour de pluie, pour sentir l'humidité de la brume sur mon visage et pour voir M... debout à l'entrée, avec les objets mobiles près de lui entassés hors de portée du public. pluie battante, donnant des ordres à George concernant notre forteresse doublement assiégée. Je me suis allongé et j'ai écouté les chutes et les claquements avec un plaisir rêveur au début ; mais entendant M... partir pour voir si tout allait bien, je me levai d'un bond, pensant que je pourrais aider à empêcher l'eau d'entrer. C'était une décision très heureuse ; car j'avais à peine commencé à m'habiller, que la terre céda à la tête de mon lit, et qu'un parfait jet d'eau boueuse jaillit du talus et tomba au centre du lieu de repos que j'avais si récemment quitté. Courir et appeler M... pour arrêter l'eau dans la partie arrière de la grotte et, dans la plus grande hâte, aider Cinth à retirer tout objet qui était un peu sec et à laisser l'eau couler librement à travers, était le devoir. travail d'un instant; pourtant, pendant le peu de temps où l'eau avait traversé la grotte, nous avions une apparence lamentablement inondée : des troncs étaient entassés sur des troncs - des cordes pendaient de bûche à bûche sur le toit, remplies de tapis dégoulinants, de couvertures, de draps et de divers objets. des articles, dégoulinant d'un crépitement morne sur le sol, des chaises rassemblées et rangées à l'écart, nos arrangements familiaux tout en désordre. Et maintenant que l'eau qui coulait à travers la grotte avait été retournée, moi et le serviteur étions assis, inconsolables, avec nos jupes tirées et nos pieds sur de petits blocs de bois pour les tenir à l'écart de la boue, avec des visages tristes, regardant le balayage de l'eau et clapotis de la pluie au dehors.

L'eau, ayant débordé les parois du fossé, creusant un nouveau canal, et s'étant déversée à l'entrée, avait complètement emporté notre petite terrasse, laissant immédiatement devant nous un gouffre immense et béant. Je contemplais ainsi avec tristesse les ruines de notre petite maison, lorsque M... descendit, nous apportant de nouveau la joie par l'expression de sa face lumineuse, forte et calme ; l'eau coulait en petits ruisseaux depuis son chapeau jusqu'à son manteau, coulant sur son manteau, formant de petites flaques sur le sol alors qu'il se tenait debout. Il déclara que l'orage était presque terminé et que nous prendrions malgré tout un petit déjeuner. Enlevant son chapeau de sa tête et en secouant l'eau et ses cheveux, il ordonna à George de prendre sa bêche et d'allumer une cheminée près de l'entrée, d'amener ses bouilloires de camp, qui étaient pleines d'eau, d'allumer un grand feu, et prendre le petit déjeuner. Il me félicita de la parfaite sécurité de notre résidence, du fait que l'eau y coulait selon un style vénitien régulier et que pour le moment nous étions parfaitement étanches.

En effet, notre maison était dans une situation précaire un jour de pluie, car nous étions plantés dans le lit du torrent d'eau qui s'écoulait de la colline au-dessus ; pourtant, M... m'a assuré que maintenant nous n'avions plus rien à craindre, car avec George il avait rempli la terre parfaitement ferme et sécurisée. Il rit de bon cœur de ma fuite de justesse ; car je déclarai que je ne me serais plus jamais senti de bonne humeur si ce jet d'eau boueuse était tombé sur moi.

Bientôt, le feu s'alluma joyeusement et George commença à préparer notre simple petit-déjeuner - M... sortant pour s'occuper de quelques rapports. J'avais toujours attendu avec plaisir la perspective de la pluie, car elle nous procurait un peu de répit du bruit incessant des explosions, du sifflement et de la chute des balles. La fureur de la tempête était à peine apaisée, que le tumulte et le vacarme des batteries fédérales et de la mousqueterie recommencèrent ; et loin de la pluie qui a éteint la mèche de l'obus, il semblait y en avoir un nombre inhabituellement élevé ce matin. J'ai commencé à me sentir complètement décongelé et revigoré lorsque George a posé le petit-déjeuner sur la table et que M... est entré ; nous nous asseyâmes donc assez gaiement, malgré la pluie qui continuait à tomber.

Le feu agréable faisait son œuvre et la terre se durcissait rapidement autour de nous.

M... m'a parlé d'un colonel d'un des régiments postés au pied d'une des collines fortifiées, qui malheureusement dormait trop longtemps, et le courant turbulent des eaux en bas de la colline brisait toutes les barrières, l'enveloppant complètement de boue. , eau, sable et sédiments. Il sauta de terre dans une rage immense et eut du mal à être persuadé qu'il n'était pas la victime d'une plaisanterie. Il avait si bien dormi qu'il était totalement inconscient de la tempête et pouvait à peine croire à son réveil brutal par le travail des éléments. M... me raconta aussi, avec un visage grave, les pauvres soldats qu'il avait vus ce matin-là dans les stands de fusiliers, debout dans l'eau, certains avec de petits morceaux de tapis tirés autour d'eux ; d'autres

avec rien d'autre que leurs vêtements légers et saturés ; et ils restaient là toute
la journée, avec seulement le repas d'hier pour les nourrir.

CHAPITRE XXI.

LAISSÉS — LES COURRIERS DU GÉNÉRAL JOHNSTON — PÂTURAGES DANGEREUX — VIANDE DE MULE — CHANSONS LOCALES — MANQUÉ PAR UN BAL MINIÉ.

Mes amis, qui m'appellent, me disent que j'ai l'air usé et pâle, et ils me demandent fréquemment si je ne suis pas fatigué de cette vie troglodyte. J'évite la question du mieux que je peux, car je n'aime pas l'admettre pour l'amour de M... ; pourtant, je *suis* fatigué et las… ah ! tellement fatigué! Je n'ai jamais été créé pour exister sous terre ; et quand j'y suis obligé, quelle merveille que je végète, comme d'autres malheureuses plantes, et que je devienne blafarde, fusiforme et blanche ! Pourtant, je dois me raisonner : j'avais choisi cette vie de souffrance avec celui que j'aime ; et quelle souffrance, après tout, ai-je éprouvée ? Des privations sous forme de nourriture bonne et saine, qui ne représentent pas la moitié de ce que vivent les pauvres autour de nous.

Une peur de ceux qui peuvent tuer le corps, et après cela, ils n'ont plus rien à faire ! Je ne serai pas dérangé, je n'ai pas le droit de me plaindre. Partout où il m'a placé, là je serai trouvé dans sa force ; et désormais je serai courageux et inébranlable.

Me raisonner en cette époque de danger était l'un des principaux emplois de ma vie troglodyte. Le temps passe, et tous disent que le siège ne peut pas durer longtemps ; et nous sommes toujours là — et toujours le bruit assourdissant des obus — et la diversité des missiles lancés tombent, dispersant la mort dans toutes les directions.

Vers cette époque, la ville fut agitée par l'arrivée d'un courrier du général Johnston, qui apportait au général Pemberton des dépêches privées dont la nature ne transparaît pas ; cependant, du silence même du général Pemberton, les officiers auguraient le pire.

Le courrier apportait aux habitants de nombreuses lettres d'amis du dehors. Sa manière d'entrer dans la ville était singulière : prenant une yole sur le Yazoo, il se dirigea vers son confluent avec le Mississippi, où il amarra le petit bateau, entra dans les bois et attendit la nuit. À la tombée de la nuit, il ôta ses vêtements, y plaça solidement ses dépêches, attacha fermement le paquet à une planche et, entrant dans la rivière, il maintint sa tête hors de l'eau en se tenant à la planche et, de cette manière, flotta. dans l'obscurité à travers la flotte, et sur deux milles en aval de la rivière jusqu'à Vicksburg, où son arrivée fut saluée comme un événement de grande importance, dans la nature morte de la ville.

La colline en face de notre grotte pourrait être appelée « le point de la mort » à cause du nombre d'animaux qui avaient été tués en mangeant l'herbe sur les côtés et au sommet. Dans toutes les directions, je vois le gazon retourné, à cause des obus qui sont allés labourer la terre. Les chevaux ou les mulets qui sont tentés de gravir la colline par la promesse de l'herbe qui y pousse abondamment, viennent invariablement boitant, blessés, mourir à la base, ou sont descendus morts du sommet.

Un certain nombre de mulets sont tués chaque jour par les commissaires et distribués aux hommes, qui tous préfèrent la viande fraîche, même de mulet, aux rations de lard et de sel qu'ils ont mangées depuis si longtemps sans changement. Il y a déjà eu quelques cas de scorbut : les soldats ont horreur de la maladie ; c'est pourquoi, je suppose, la viande de mulet est d'autant plus la bienvenue. En effet, j'ai demandé à M... de s'en faire servir sur notre table. Il a dit non; attendez un peu plus longtemps." Il n'aimait pas me voir manger du mulet jusqu'à ce que j'y sois obligé ; qu'il espérait que la Providence nous enverrait de la monnaie sous peu.

Cet après-midi même, je regardais la colline d'en face, où les obus tombaient fréquemment. J'ai remarqué une très grande et belle vache qui broutait lentement sur le côté et montait de plus en plus haut à mesure qu'elle se déplaçait.

Je me demandais d'où elle venait, car les bovins de boucherie de toutes sortes avaient disparu de Vicksburg. La vache était en bon état ; et j'ai pensé : Pauvre créature, tu n'es pas prudent en mangeant une herbe aussi dangereuse. Peu de temps avant le thé, M... arriva en riant et dit : « La Providence vous a en effet envoyé de la viande fraîche, afin que vous n'ayez pas à dépendre du mulet. Une belle vache a été tuée par un obus sur la colline d'en face. Le général a pris la viande, et une grande part vous a été envoyée.

Je regrettais le sort de l'animal que j'avais vu si récemment vigoureux de vie ; cependant maintenant, « puisque le sort était si méchant », je reçus volontiers ma part, pensant à la vieille scie, « c'est un mauvais vent », etc. George et quelques garçons du camp coupèrent la viande en lanières ; et je pus envoyer de la viande à soupe au courrier qui chevauchait continuellement parmi la grêle de balles, et à un pauvre soldat bossu, dont les forces cédaient à cause des privations qu'il avait subies : le reste fut frotté avec du salpêtre, enfilé sur des cannes posées sur des cadres, avec un feu lent en dessous ; et la chaleur du soleil et du feu combinés l'ont bien secoué pour une utilisation future.

J'ai ri de bon cœur à l'apparition de la grotte un jour ou deux après le processus. Les rondins du toit étaient tendus de festons de viande séchée, qui se balançaient gracieusement et constamment au-dessus de nous ; et en me promenant dessous, j'avais l'impression, un peu comme un Indien, je suppose, après une poursuite réussie, que la famine pendant un moment était loin en arrière-plan.

Il était étonnant de voir comment les jeunes officiers gardaient le moral, chantant fréquemment des quatuors et des allégresses au milieu du crépitement des bals Minié ; et j'entendais souvent des éclats de rire gais du quartier général, tandis que les officiers qui avaient passé la journée, et peut-être la nuit précédente, dans les stands de fusiliers, se rassemblaient pour établir des rapports. Ce soir, un monsieur nous a rendu visite et, entre autres chansons, a chanté des paroles sur l'air du Mocking Bird, que j'écrirai :

"'C'était au siège de Vicksburg,
de Vicksburg, de Vicksburg—'C'était au siège de Vicksburg,Quand les obus Parrott sifflaient dans les airsÉcoutez les obus Parrott—Écoutez les obus Parrott :Les obus Parrott sifflent à travers le air.

"Oh! eh bien, nous nous souviendrons — Souvenez-vous — rappelez-vous Viande de mulet dure, Juin *sans* novembre,
Et les boules Minié qui sifflaient dans l'air. Écoutez les boules Minié — Écoutez les boules Minié : Les boules Minié chantent dans l'air.

Des chansons de toutes sortes sont composées en l'honneur d'évasions étroites, d'incidents malheureux, d'actes courageux, etc. ; les chansons — humoristiques, pathétiques et tragiques — sont chantées de toutes les manières. Parfois rauque, avec une intensité et une profondeur surprenantes ; encore une fois, avec des tons richement modulés et un volume et une mélodie très doux — tous chantent, selon des goûts différemment habitués.

J'ai entendu, une nuit, un soldat au fond du ravin chanter un de ces hymnes étranges et mélodieux que chantent souvent les nègres ; et, au milieu des tirs et des fracas des projectiles, il flottait jusqu'à moi dans des nuances douces et musicales qui étaient fascinantes à l'extrême : les gémissements des troubles terrestres — le désir de la maison glorieuse que les images chaleureuses représentent glorieuse dans un décor doré. lumières et rayonnement argenté — de chant et de bonheur éclatant ! La voix était pleine et triomphante. Puis le changement rapide, sur une cadence basse et lugubre, vers la terre, l'argile, la fange — vers la disette, vers la souffrance, vers le péché ! « Je me demande, Seigneur, est-ce que j'arriverai un jour au ciel, à la Nouvelle Jérusalem ? est venu avec la fin de chaque verset. J'ai baissé mon visage dans mes mains. Oui! le paradis était si loin ! Pourtant — « celui qui vient à moi, je ne le chasserai en aucun cas » — notre emprise est ferme, mais nos yeux sont aveugles. Un jour, une fois que les désirs terrestres seront apaisés, nous connaîtrons la gloire suprême.

Bien que nous chantions des chansons de toutes sortes, combien de fois nous avons l'impression que l'appel peut arriver à tout moment !

Un jour, je cousais près d'un côté de la grotte, là où la berge s'incline et éclaire la pièce comme une fenêtre. Près de cette ouverture, j'étais assis, quand je me souvins soudain d'un petit article que je souhaitais dans une autre partie de la pièce. Traversant pour m'en procurer, je revenais, lorsqu'une balle Minié vint en sifflant par l'ouverture, dépassa ma chaise et tomba au-delà. Si j'avais été encore assis, j'aurais dû l'arrêter. Imaginez avec quelle rapidité j'ai transporté la chaise dans une autre partie de la pièce et je m'y suis assis !

CHAPITRE XXII.

UN CHEVAL BLESSÉ... Obus SHRAPNELL.... CHARGE SUR LES REtranchements... TIR CRAINDANT.

Un soir, j'ai remarqué un des chevaux attachés dans le ravin, qui se comportait de façon très étrange, se tordant et se débattant comme s'il souffrait. Un des militaires s'est approché de lui et a constaté qu'il était très grièvement blessé au flanc par une balle de Minié. L'agonie du pauvre être était terrible : il plongeait sa tête le plus loin possible dans l'arbre auquel il était attaché et s'accrochait avec sa bouche, tandis que son cou et son corps frémissaient de douleur. Chaque mouvement, au lieu d'être violent, comme l'auraient été la plupart des chevaux blessés, avait une grâce majestueuse de souffrance éloquente qui est indescriptible. Comme j'avais envie d'aller vers lui, de le caresser et de l'apaiser ! Le licol fut ôté et il fut libéré. S'approchant d'un arbre, il appuya son corps contre cet arbre et gémit, les yeux mi-clos, frissonnant fréquemment dans tout son corps énorme, comme si la douleur était trop grande à supporter.

Puis, tournant complètement la tête, il regardait le groupe de soldats qui se tenait à proximité avec pitié, comme s'il cherchait la sympathie humaine. Le maître a refusé de le faire fusiller, espérant qu'il se rétablirait ; mais il devait être évident que ce jour était le dernier de sa vie forte et fière : le noble noir était condamné. Après la douce fidélité de son service, il était cruel de prolonger ses souffrances : après les simples repas de feuilles de mûrier, avec à peine de quoi survivre, pourquoi laisser cette douleur et cette agonie déchirer son corps déjà affaibli ? Ces vérités furent mises de côté, et le maître regarda avec pitié ; pourtant, cela semblait être une pitié égoïste.

Devenue agitée par la douleur, la pauvre brute tituba aveuglément. Et maintenant mes yeux se remplissent de larmes ; car il est tombé, avec un gémissement las, entre les rives du petit ruisseau du ravin, la tête jetée sur le gazon, et l'œil brillant et intelligent s'est arrêté sur les hommes qui ont été ses camarades dans de nombreuses batailles, debout. toujours près de lui.

Pauvre garçon ! Ces gémissements sourds et fréquents et ces membres tremblants leur disent que la mort vous a déjà frappé, que vous êtes bien au-delà de la sympathie humaine. Au milieu de tous les obus qui tombent, ne peut-on l'atteindre, lui donner la paix et la mort ? Je vois une hache tendue à l'un des passants et je me détourne brusquement de la scène. Le coup rapide et doux ! Je sais que ça doit être fini. Je regarde à nouveau, et le corps noir et brillant est retiré de notre vue, pour être remplacé par de nouvelles souffrances et oublié dans de nouveaux incidents.

Il y a un missile, si j'étais soldat, qui me mettrait totalement en déroute : c'est un obus à éclats d'obus. Seuls ceux qui en ont entendu plusieurs venir à la fois, exploser à proximité et disperser des centaines de petites boules autour d'elles, peuvent dire à quel point le bruit qu'elles font est effrayant, un cri sauvage, un bruit de cliquetis et de sifflement qui ne manque jamais de me terroriser le cœur. ! Il semblait parfois que jusqu'à cinquante balles tombaient immédiatement autour de notre porte. J'aurais pu envoyer à tout moment, près de l'entrée de notre grotte, faire récupérer dans les plus brefs délais un seau plein de balles de shrapnell et de fusil Minié.

Un vieux soldat aux cheveux gris et au cœur joyeux, avec qui j'avais souvent parlé, traversait le ravin pour chercher de l'eau, juste en face de notre grotte. Un ballon de Minié l'a touché au bas de la jambe ; il se baissa froidement, attacha son mouchoir autour et partit. Des projectiles de toutes sortes tombaient si constamment que j'en devenais presque indifférent. Seul le bruit hideux de nombreux éclats d'obus pouvait maintenant me surprendre. Généralement, à quatre heures du matin, les éclats d'obus étaient lancés avec plus de fureur qu'à tout autre moment de la journée. Vers sept heures, les balles Minié ont commencé à tomber, accompagnées de Parrott, de cartouches, de balles solides et d'obus à éclats d'obus ; et à chaque minute de la journée, ce jeu constant d'artillerie et de mousqueterie se maintenait depuis les lignes fédérales. Le général Pemberton avait ordonné aux batteries confédérées de garder le silence, à moins que des ordres particuliers ne soient donnés de tirer ou qu'un assaut ne soit lancé sur les ouvrages.

Un après-midi dont je me souviens très bien ! Un des chirurgiens du personnel causait avec M..., lorsque j'entendis un bruit précipité et particulier, comme si quelqu'un coupait rapidement l'air, près et autour de moi, avec une épée.

Le docteur et M... se levèrent d'un bond, tandis que le son devenait plus confus, comme si un soudain volume d'eau se déversait sur la colline. J'ai vu M... se tourner vers le médecin et lui dire : « Ils arrivent ! Je n'osais poser aucune question ; pourtant, je crus d'abord que les retranchements étaient pris. M..., sans un mot, enfila un autre manteau et me lança en riant celui de lin qu'il portait. Je suppose que j'ai dû avoir l'air plutôt sauvage ; car je ne pouvais ni dire ni imaginer la signification du bruit confus et singulier qui nous entourait. Prenant son épée, M——— commença immédiatement. Je craignais à chaque instant qu'il ne tombât, car les boulets tombaient comme de la grêle. Je me tournai vers le médecin et lui demandai : « Est-ce qu'ils viennent par la colline ? Il rit et dit :

"Oh! Non; ils ne font que charger les retranchements ; et le bruit que vous entendez dans l'air, ce sont les nombreuses petites boules qui volent au-dessus de nous.

Le son étrange et déroutant dura un certain temps. Le médecin prit bientôt congé, disant que les blessés seraient amenés pour qu'il puisse s'en occuper. Je suis resté assis pendant une demi-heure, entendant la précipitation et le déferlement constants autour de moi, ainsi que la chute rapide des balles ; le sol tremblait sous les fréquentes décharges du canon confédéré. Quel en serait probablement le résultat, je ne pouvais le dire ; car le ravin en contrebas, si plein d'animation ces derniers temps, semblait totalement désert, à l'exception de temps en temps du galop rapide d'un courrier à travers la pluie de balles le long de la route. Bientôt il y eut une cessation graduelle, s'apaisant de plus en plus jusqu'au vieil intervalle d'une minute entre les décharges ; bientôt M... revint à la maison, rapportant un ou deux blessés et un tué. Il me semble miraculeux que, au milieu d'une telle pluie de balles, si peu de personnes soient blessées.

CHAPITRE XXIII.

UN MALHEUREUX ACCIDENT — LES MALHEURES DAMES DE VICKSBURG — APPROCHE DES OBUS DE MORTIER PRÈS DES REtranCHEMENTS.

Quelques jours après l'assaut des fortifications confédérées, un triste accident jeta une tristesse sur toute la petite communauté campée dans le ravin, officiers, soldats et domestiques : un soldat, nommé Henry, avait souvent remarqué ma petite fille en lui apportant des fleurs. tantôt une pomme, tantôt un jeune oiseau moqueur, et il l'avait beaucoup attachée à lui par ces petites bontés. Fréquemment, en le voyant passer, elle l'appelait par son nom et frappait joyeusement dans ses mains, alors qu'il montait sur le beau cheval du général pour aller chercher de l'eau, le faisant caracoler devant la grotte pour son amusement. Elle a attiré mon attention sur lui un matin en me disant : « Ô maman, regarde le cheval d'Henny comme il joue ! » Il montait un petit cheval noir extrêmement sauvage et s'efforçait de l'habituer aux évolutions rapides des troupes texanes, se tournant sur sa selle pour saisir quelque chose par terre, tandis qu'il avançait rapidement. Peu de temps après, il monta à cheval pour aller chercher de l'eau ; et je le vis revenir et l'attacher à un arbre.

Ensuite, je l'ai vu descendre la colline d'en face, un éclat d'obus non explosé à la main. Quelques instants plus tard, j'entendis une explosion rapide dans le ravin, suivie d'un cri – un cri soudain et angoissant. Je courus jusqu'à l'entrée, et vis un courrier, que j'avais remarqué passer souvent, rouler lentement dans le ruisseau du ravin et rester immobile, à peu de distance : Henri, oh ! pauvre Henri ! tendant ses bras mutilés. – les mains déchirées et pendantes aux poignets sanglants et horribles – une blessure effrayante à la tête – le sang coulant de ses blessures. Abattu, haletant, sauvage, il chancela, criant pitoyablement : « Où êtes-vous, les garçons ? Ô les garçons, où êtes-vous ? Oh, je suis blessé ! Je suis blessé! Les garçons, venez à moi ! venez à moi ! Dieu ait pitié! Dieu Tout-Puissant, aie pitié !

Ma petite fille s'accrochait à ma robe en disant : « Ô maman, le pauvre Henny est tué ! Maintenant, il va mourir, maman. Oh, pauvre Henny ! Je l'ai éloignée de ce spectacle douloureux.

Mon premier mouvement fut de courir vers eux avec les quelques remèdes que je possédais. Puis j'ai pensé à la foule de soldats autour des hommes ; et si M... venait me voir là-bas, la seule dame, il pourrait penser que j'ai mal fait ; alors j'envoyai mon serviteur, avec du camphre et d'autres légers remèdes que je possédais, et je me dirigeai vers ma grotte, le cœur malade.

En quelques instants, les brancards défilent, se dirigeant vers l'hôpital, le sang coulant de celui d'Henri, qui gémissait et pleurait encore « pour que les garçons viennent à lui » et « que Dieu ait pitié de lui ».

Mais l'autre portait le corps immobile et immobile du jeune courrier, qui, dans la force de sa vie, avait été si subitement frappé. Il semble que les deux hommes aient tenté d'extraire la vis d'un obus non explosé dans le but de fixer la poudre ; en le tournant, la mèche s'était enflammée, communiquant le feu à la poudre, et l'explosion mortelle s'ensuivit.

Henry avait été frappé à la tête par un fragment, les mains arrachées de ses bras ; un ou deux fragments s'étaient également logés dans son corps. Le courrier avait été touché à deux endroits à la tête et plusieurs balles étaient entrées dans son corps. Pauvre soldat ! sa mère vivait à Yazoo City ; et il était son fils unique. Elle était si proche, et pourtant incapable de lui tenir la tête et de mettre le sceau de son amour sur ses lèvres avant que le souffle ne les quitte pour toujours ! Il a vécu jusqu'au coucher du soleil, sans dire un mot, sans gémir ; seule la respiration rapidement inspirée indiquait que la vie vacillait encore dans le corps mutilé. Henry mourut également cette nuit-là, toujours inconscient des camarades tristes autour de son lit – appelant toujours Dieu à avoir pitié de lui.

Après que les corps des blessés eurent été emportés, nous entendîmes de grands gémissements et des cris en direction de la ville. On m'a dit qu'une femme noire, alors qu'elle traversait la cour, avait été touchée par un fragment d'obus et tuée sur le coup. Les cris des femmes de Vicksburg étaient les plus tristes que j'aie jamais entendus. Les lamentations sur les morts semblaient pleines d'une agonie déchirante. Je ne peux pas tenter de décrire le frisson de pitié, mêlé de peur, qui transperçait mon âme, alors que soudain, vibrant dans l'air, retentissaient ces cris douloureux ! – ces gémissements pitoyables ! – parfois presque simultanément avec l'explosion d'un obus. Cette angoisse à l'égard des morts et des blessés était particulièrement faible et lugubre, peut-être à cause de la dépression. De nombreuses femmes étaient gravement malades à cause d'une peur et d'une appréhension constantes. Il est étrange que les dames se trouvaient presque constamment dans les grottes, et pourtant, si l'une d'entre elles sortait peu de temps, elle était presque certaine d'être blessée ; tandis que les officiers et les soldats chevauchaient et marchaient, avec très peu de destructions de vies humaines.

Un officier me parlait de deux soldats, près de son camp, qui avaient été grièvement blessés par des balles de Minié : une balle dans la main et dans le poumon ; l'autre par le côté.

Un nouveau sujet d'appréhension me vint vers cette époque : les bateaux-mortiers s'efforçaient de lancer leurs bombes jusqu'aux retranchements, et y réussirent presque. Je pouvais les voir la nuit tomber près de la colline opposée ; et j'étais dans un état constant d'inquiétude, de peur qu'ils ne soient jetés encore plus près de nous. Après avoir été témoin des brillants courants de lumière qu'ils créaient dans les cieux, une nuit, et me sentir à plusieurs reprises reconnaissant de ce qu'ils restaient toujours en deçà de la colline que nous habitions, je m'endormis progressivement dans une solitude totale, car M... finissait rarement de recevoir des rapports avant onze heures. . Je me suis tourné avec lassitude vers le petit matelas posé sur le sol, j'ai dit mes prières et je me suis retiré. Je dormais depuis quelque temps, car la lune brillait brillamment, lorsque je fus réveillé par de grands cris et des cris : « Où irons-nous ? Oh! Où devrions-nous aller?" Ma conclusion immédiate fut qu'une femme avait été tuée ou blessée, car de temps en temps je voyais les obus de mortier tomber sur la colline d'en face. Je pensais donc que j'avais été épargné à Vicksburg, aussi longtemps que je pouvais raisonnablement l'espérer, de la variété des changements par lesquels j'avais traversé ; et aussitôt j'ai été pris d'une grave panique. Si les obus n'étaient pas également tombés du champ de bataille, je crains que je n'aurais commencé dans cette direction — tant ma peur des mortiers était grande ! — et que je me serais enfui, peu importe où, hors de leur portée.

Mais la crainte des obus Parrott m'a maintenu là où j'étais. Je me redressai sur mon lit dans un état d'excitation effrayant ; appelé M... encore et encore, sans la moindre réponse ; enfin, un « Qu'est-ce qu'il y a ? » prononcé d'une voix endormie. m'a donné l'occasion de l'informer que nous allions tous être tués, et de lui dire, tandis que la froide humidité de la peur éclatait sur mon front, que les obus de mortier étaient plus proches que jamais et que le prochain tomberait probablement sur notre grotte. . Réveillé enfin par mon état de détresse, et m'entendant dire que je savais qu'une femme avait été tuée, il se leva, s'habilla, prit sa casquette et sortit pour voir ce qui s'était passé, me disant qu'il reviendrait bientôt... regardant en arrière, riant tandis qu'il partait, et me disant que j'étais terriblement démoralisé pour un si bon soldat. Il revint bientôt, me racontant qu'un nègre avait été tué à l'entrée d'une grotte un peu au-delà de nous, vers la ville ; que sa maîtresse, sa femme et les demoiselles de la famille furent très effrayées, s'étant réfugiées dans le bureau de l'adjudant.

CHAPITRE XXIV.

MORT D'UN FIDÈLE SERVITEUR — EXPLOITATION D'UN FORT — PERTE D'OFFICIERS éminents — REDDITION DE VICKSBURG.

Le lendemain, la famille a été invitée dans notre grotte ; et la dame me raconta en pleurant la mort du fidèle vieillard, qui avait servi sa mère avant elle. Le matin du jour de sa mort, il l'a appelée et lui a dit : « Mademoiselle, j'ai l'impression que je ne vais pas vivre très longtemps. Dites au jeune maître, quand vous le verrez, que j'ai prié pour lui ce jour-là ; dis-lui que cela me fait très mal au cœur de penser que je ne verrai pas son jeune visage ce jour-là avec les enfants. S'il vous plaît, dites aux jeunes gens, madame, de venir ; et laisse-moi prier avec eux. "Oh! oncle!" la maîtresse répondit : « Ne parle pas ainsi ; vous vivrez encore de nombreuses années, j'espère. Les jeunes filles furent appelées et s'agenouillèrent pendant qu'il priait pour elles et pour tout ce qu'il aimait, leur serrant la main et parlant à chacune séparément en partant. Sa grotte était à côté de celle de sa maîtresse. Cette nuit-là, il était assis à fumer sa pipe près de l'entrée, lorsqu'un obus de mortier, explosant à proximité, envoya un fragment dans le côté du vieillard, le déchirant et lui arrachant la hanche. Il vécut quelques instants et fut transporté dans la grotte. Se tournant vers sa maîtresse, tout en secouant la tête, il dit : « Ne restez pas ici, madame. J'ai dit que le Seigneur me voulait. Et c'est ainsi que le bon vieux Christian est mort. Lorsqu'il eut rendu son dernier soupir, une soudaine panique les saisit, car les obus tombaient près d'eux ; et ils ont tous couru. Certains messieurs, les entendant crier, les amenèrent au quartier général.

Le lendemain, on apprit qu'un des forts à notre gauche avait été miné et détruit, tuant soixante hommes ; puis de la mort du vaillant colonel Irwin, du Missouri ; et encore, le lendemain, de la mort du brave vieux général Green, du Missouri.

Nous approchions maintenant rapidement de la fin de notre vie de siège : les rations avaient presque toutes été distribuées. Depuis quelques jours, j'étais malade; j'essayais néanmoins de surmonter le sentiment languissant de prostration totale. Ma petite s'était balancée dans son hamac, en force réduite, avec une faible fièvre qui lui montait au visage. M... n'était que anxiété, je le voyais clairement. Un militaire a élevé, un matin, un petit geai, comme jouet pour l'enfant. Après avoir joué avec pendant un court moment, elle se détourna avec lassitude. « Miss Mary, » dit la servante, « elle a faim ; laisse-moi lui préparer de la soupe à base d'oiseau. J'ai d'abord refusé : le pauvre petit jouet ne devait pas mourir ; puis, en pensant à l'enfant, j'y consentis à moitié. En toute hâte, Cinth disparut ; et la prochaine fois qu'elle parut, ce fut avec une tasse de soupe et une petite assiette sur laquelle gisait la viande blanche du pauvre petit oiseau.

Samedi, un calme douloureux régnait : une trêve avait été proclamée ; et les tirs constants avaient été maintenus si longtemps que le silence était maintenant absolument oppressant.

A dix heures, le général Bowen passa, en grand uniforme, accompagné du colonel Montgomery et précédé d'un courrier portant un drapeau blanc. M——— est venu et m'a demandé si je voulais sortir; alors j'ai mis mon bonnet et je me suis sali au-delà de la terrasse, pour la première fois depuis mon entrée. Sur la colline au-dessus de nous, la terre était littéralement recouverte de fragments d'obus : Parrott, éclats d'obus, cartouches ; en plus du plomb sous toutes les formes et formes, et une longue sorte de grenaille solide, en forme de petite coquille Parrott. Les balles Minié gisaient dans toutes les directions, aplaties, bosselées et courbées au contact des arbres et des morceaux de bois dans leur vol. L'herbe semblait morte – le sol était creusé de sillons en de nombreux endroits ; tandis que les boulets de shrapnell étaient éparpillés partout, comme du poivre de géant, en quantité innombrable.

Je pouvais maintenant voir à quel point ma grotte se trouvait très près des fosses à fusils : seul un petit ravin entre les deux collines nous séparait. Au bout de deux heures environ, le général Bowen revint. Personne ne savait, ou ne semblait savoir, pourquoi une trêve avait été conclue ; mais tous croyaient qu'un traité de reddition était en cours. Entre les officiers, on ne parlait que du thème qui les captivait. Beaucoup souhaitaient s'en sortir et s'approprier le risque ; mais j'espérais secrètement qu'aucun risque aussi sanglant ne serait tenté.

Le lendemain matin, M... arriva, le visage pâle, en disant : « C'est fini ! Le drapeau blanc flotte sur nos forts ! Vicksburg s'est rendu !

Il enfila son habit d'uniforme, boucla silencieusement son épée, et se prépara à sortir les hommes, à déposer les armes devant la fortification.

J'ai ressenti un étrange malaise, le calme de la journée n'était tellement pas naturel. J'ai parcouru la grotte jusqu'à ce que M... revienne. La journée était extrêmement chaude ; et il est venu avec un violent mal de tête. Il me dit que les troupes fédérales avaient agi à merveille ; ils étaient postés en face de l'endroit où les troupes confédérées marchaient et empilaient leurs armes ; et ils semblaient plaindre les pauvres gens qui défendaient la place depuis si longtemps. Bien différent de ce à quoi il s'était attendu, aucun des soldats fédéraux ne provoqua une raillerie ou une raillerie. De temps en temps, des acclamations se faisaient entendre ; mais la majorité semblait considérer les pauvres soldats malheureux avec une généreuse sympathie.

Après la reddition, le vieux soldat aux cheveux gris, en passant sur la colline près de la grotte, s'arrêta et, touchant son chapeau, dit :

« C'est un triste jour, madame ; Je ne pensais pas que nous y arriverions lorsque nous nous arrêtâmes pour la première fois dans les retranchements. J'espère que vous serez encore heureuse, madame, après tous les ennuis que vous avez vus.

Ce à quoi j'ai répondu mentalement : « Amen ».

Le pauvre soldat bossu, qui avait été malade et qui, chez lui dans le sud du Missouri, vaut un million de dollars, m'a-t-on dit, et pourtant à Vicksburg a failli mourir de faim, est sorti aujourd'hui dans l'air agréable, pour la première fois depuis plusieurs jours.

Je me tenais sur le pas de la porte et j'ai aperçu pour la première fois l'uniforme fédéral depuis la capitulation. Cet après-midi-là, la route était remplie d'eux, se promenant, regardant les forts et les chevaux du quartier général : des chariots remplissaient également la route, tirés par les beaux chevaux des États-Unis. Le pauvre M..., après avoir gardé son cheval sur des feuilles de mûrier pendant quarante-huit jours, ne l'a plus revu ! Après la capitulation, dans la soirée, Georges se rendit en ville sur sa mule : pensant « briller », comme disent les nègres, il monta la belle selle de dragon montée en argent de M.... Je n'ai pas pu m'empêcher de rire quand il est revenu, avec un visage désolé, se déclarant sain et sauf, mais la selle avait disparu. M... l'interrogea et l'interrogea, consterné de sa perte ; car une selle était un article précieux dans notre petite communauté ; et George, qui se sentait aussi mal que n'importe qui, a déclaré : « J'ai rencontré un Yankee qui m'a dit : « Descendez de cette mule ; Je vais m'habituer à cette selle. J'ai dit non; Je ne vais pas faire une chose pareille. Il a sorti son pistolet et j'ai sauté à terre.

Alors Monsieur George rapporta à M... une selle qui convenait mieux à sa mule que celle sur laquelle il était parti, une affaire commune et très usée, en bois. Je me sentais désolé pour M———. Ce soir-là, George apporta une nouvelle mauvaise nouvelle : un autre cheval avait été pris. Son cheval restant et sa seule selle terminaient l'actualité de la journée.

Le lendemain matin, lundi, alors que je traversais la grotte, j'aperçus quelque chose qui remuait à la base d'un des supports du toit : en y regardant de nouveau, j'aperçus un gros serpent enroulé entre la terre et le poteau vertical. Je sortis précipitamment et j'envoyai chercher M..., qui, remontant aussitôt, prit son épée et attacha au poteau un des plis du reptile. Il lança une fléchette rapide vers lui, la mâchoire ouverte. Heureusement, la longueur de l'épée était plus grande que la longueur supérieure du corps ; et le serpent tomba à terre à quelques centimètres de M..., qui y appuya fermement son talon et coupa la tête du corps avec l'épée. Je n'ai jamais vu un serpent aussi gros ; il était aussi grand autour du corps que le bol d'un gobelet en verre de bonne taille, et long de plus de deux mètres.

- 72 -

CHAPITRE XXV.

UNE PEUR—GEORGE MON PROTECTEUR—UN SOLDAT POLI OBTIENT LE MOLLE DE LA TENTE.

Dans l'après-midi, M... se rendit en ville avec quelques officiers pour prendre des dispositions pour moi. Je fus très amusé, même si je ne le leur laissai pas voir, tandis qu'ils partaient sur leurs pauvres chevaux nourris au mûrier. M... avait été présenté par quelqu'un, après la perte de son cheval, avec un petit animal boiteux, à l'air soumis, à qui la nourriture, quelle qu'elle soit, semblait rare ; et le pauvre cheval avançait d'un pas tranquille, comme s'il considérait son poids comme une grande affliction. Toute notre petite maison était rassemblée pour assister au départ de la brillante (?) cavalcade.

Ensuite, alors que j'étais assis avec un livre à l'entrée, j'entendis des pas et, levant les yeux, j'aperçus un grand nègre costaud, au visage des plus désagréables, vêtu de l'uniforme fédéral et armé, remontant le petit sentier qui menait à l'entrée. à la grotte. Alors qu'il s'avançait vers moi, je me levai d'un bond ; mais Georges, qui était heureusement proche, sortit du « lit de sassafras », couteau à découper à la main, avec lequel il déterrait un peu de racine. Se tenant entre nous, il a dit : « Où vas-tu, vieil homme ? "Cela ne vous regarde pas", répondit-il en s'arrêtant un instant. J'étais sur le point d'appeler quelques messieurs du quartier général, lorsqu'il se retourna et contourna la grotte sur la colline. "Je vais faire en sorte que ce couteau vous montre ce qui vous regarde", grogna George. Pauvre Georges ! il avait été mon fidèle défenseur tout au long de mes vicissitudes à Vicksburg.

Peu de temps après, Georges est venu vers moi dans un grand état d'excitation et m'a dit : « Oh ! Miss Mary, un soldat Yankee venait juste de sortir avec notre tente volante du haut de la grotte, et je l'ai fait s'arrêter et quitter la grotte. Un soldat fédéral descendit le flanc de la colline, s'arrêta, prit la main de ma petite fille et lui dit quelques mots agréables ; s'est tourné vers moi, touchant son chapeau, avec un sourire, et m'a dit : « Bonjour. Je m'inclinai en retour, tandis qu'une pensée heureuse me vint : voici un soldat au bon cœur et poli ; pourquoi ne pas le laisser prendre le volant de la tente, à la place d'un homme indigne ? Alors j'ai dit : « Soldat, voudriez-vous un double-toit ? Il répondit : « Ah ! Oui madame; J'en aimerais beaucoup un. J'ai donc envoyé George le chercher pour lui. Il s'est montré très reconnaissant – il n'aimait pas le prendre, craignant de nous voler ; mais je lui ai assuré qu'il était le bienvenu ; il me salua donc encore une fois et emporta son acquisition.

Les troupes confédérées marchaient vers Vicksburg pour obtenir la libération conditionnelle qu'exigeaient les termes du traité de capitulation.

Dans quelques jours, ils quitteraient la ville qu'ils avaient occupée si longtemps.

Vendredi, ils commencèrent leur marche vers le Sud ; et samedi, le pauvre George est venu me voir et m'a dit qu'il avait enfilé un pantalon bleu et que, pensant qu'ils le prendraient pour un soldat fédéral, il avait essayé de se faufiler après M..., mais il a été refoulé ; alors il est venu en me suppliant d'essayer de lui obtenir un laissez-passer : l'effort a été fait ; et à ce jour, je ne sais pas s'il a jamais atteint M... ou non.

Samedi soir, Vicksburg, avec ses collines en terrasses – avec ses demeures agréables et ses tristes souvenirs, disparus de mon champ de vision dans le crépuscule grandissant – est passée, mais la rivière coulait sur celle-ci, et les étoiles brillaient de la même lumière calme ! Mais les nombreux yeux – ô Vicksburg ! – qui ont regardé tes collines en terrasses, tes jardins verts et ensoleillés, le cours de la rivière, le calme des étoiles, ces yeux ! combien tu as fermé sur le monde pour toujours !

LETTRES
DE PROCÈS ET DE VOYAGE.

DES LETTRES.

MAISON GAYOSO, MEMPHIS , *avril 1862* .

MON CHER J—— :

Je viens juste de dîner ; et vous seriez amusé de voir les différents visages, autant dire les différents appétits ; car l'armée du Missouri et de l'Arkansas a récemment subi des jeûnes rigoureux ; et le petit épisode de la bataille d'Elkhorn et les privations qui en ont résulté n'ont pas peu aidé à l'apparence décharnée de ces personnages militaires. Tous mangent, mangent vite ; depuis le général V... D... jusqu'au moindre lieutenant, dont la manière de jouer à l'épicurien sur les différents plats commandés est une étude. Les consultations confidentielles avec le serveur à leur sujet, ainsi que l'inconscience consciente de la remise de sa petite monnaie, me convainquent presque qu'il est général de brigade, ou du moins colonel. On voit affluer sans cesse cette marée d'êtres humains, pour manger, regarder les dames, causer et commander beaucoup de vin dans l'excitation des anecdotes militaires ; car il faut comprendre qu'un civil est un « rara avis » au milieu des brillants uniformes de la salle à manger. Pourtant, au milieu de toute cette masse et de cette foule immense, la majorité sont des gentlemen polis, qui ont évidemment parcouru une grande partie du monde et qui sont des hommes de caractère et de détermination.

Le général V... D... et son état-major sont assis non loin de moi, regardés assez jalousement par les Missouriens, qui les classent et les commandent au-dessus de leur général favori. Pourtant, il traite toujours le vieux général avec la plus grande considération et courtoisie. De l'autre côté est assis le général P..., avec son visage bon et bienveillant. Le pauvre vieux monsieur voit à table que ses réserves les plus légères deviennent ses forces les plus lourdes : presque tout son état-major est autour de lui.

Et, tandis que je suis assis, à moitié amusé par l'expression de certains visages, et pensant profondément à l'impression de caractère muet mais déterminé sur d'autres, deux messieurs entrent, l'un en civil, avec une lourde barbe noire et un front haut, l'air penché. démarche et mains derrière lui. On me dit qu'il est le gouverneur J..., du Missouri. Son visage me laisse perplexe : il est pensif et singulier. A ses côtés, avec une silhouette haute, souple et élancée, bien droite, marche le général J—— T——. Vous croirez à peine qu'il soit possible que ce soit le terme si souvent évoqué de J—— T——. Je pensais que c'était un homme ordinaire, n'est-ce pas ? Pourtant, c'est tout sauf un homme ordinaire. Son œil sombre et perçant parcourt la pièce dès qu'il entre, nous capturant tous d'un seul coup d'œil : un visage vif, audacieux, décisif et résolu. Je ne peux plus rien tirer de lui. Pourtant, il y a plus de pensée et d'intellect que vous ne le voyez au premier abord. Il est vêtu d'un uniforme complet, avec une épée et une ceinture, et a un air plutôt militaire.

Il y a beaucoup de Saint-Louisiens ici ; vous les voyez en abondance autour des tables. Le général C... en fait partie. Il est assis à une certaine distance et a l'air épuisé et triste. Vous savez, n'est-ce pas ? qu'il est le père du jeune Churchill Clark, tué à Elkhorn. Vous ai-je déjà raconté son histoire ? La voici : il a obtenu son diplôme à West Point au début de la guerre ; et connaissant et ayant une grande admiration pour le général P..., il le rejoignit aussitôt : on lui confia le commandement de quelque artillerie ; et se montrant un jeune courage et capable (car il n'avait que vingt ans) son commandement fut accru. Tout au long des épreuves et des souffrances constantes de la campagne, il s'est montré égal en courage, en audace et en jugement à de nombreux chefs plus âgés. Il était particulièrement aimé du général P——. A Elkhorn, comme toujours, sa batterie se soutenait avec sang-froid et bravoure. Pendant que le général passait, il dit quelques mots d'encouragement au jeune Clark, qui ôta sa casquette et l'agita en disant : « Général, nous tiendrons le coup », ou des paroles dans ce sens, lorsqu'une balle jaillit de l'ennemi : » et s'écrasa dans le jeune cerveau ardent tandis qu'il parlait.

On m'a dit que le général était ému jusqu'aux larmes. Il s'agenouilla à ses côtés, cherchant vainement quelque trace de sa vie jeune et forte, mais les battements s'arrêtèrent pour toujours ; et Churchill Clark gisait un cadavre raidi dans les herbes longues et mouillées d'Elkhorn. Son père reste donc silencieux et seul, et tous respectent le chagrin que personne ne peut apaiser.

Dans quelques jours nous partons. Les messieurs se rendent tous à Corinthe, où une bataille aura probablement lieu sous peu. Fort Pillow tient difficilement, sous les bombardements quotidiens que nous entendons des canonnières ; et s'il tombe, Memphis, en prenant congé des officiers confédérés, amènera le fédéral dans ses quartiers du Gayoso.

Adieu.

MEMPHIS , *avril* .

CHER J-- :

Encore une fois, je vous écris de la maison Gayoso, qui regorge encore de Missouriens et de nombreuses dames, quelques-unes de Saint-Louis. Le salon du général P... est rempli de dames du matin au soir. On m'a raconté qu'un jour des dames, qui n'étaient pas très belles, venaient le voir, lorsqu'il se tourna vers l'un de ses officiers d'état-major et lui dit que c'était son devoir de l'aider, qu'il était là. une opportunité : il doit embrasser ces dames pour lui ; mais l'officier resta poliment sourd jusqu'à ce qu'il soit trop tard.

Il est étonnant de voir comme les dames se pressent pour voir le vieux général ; et tous l'embrassent, bien entendu. Je suis allé au camp des Missouriens avec M..., quelques matins depuis. Il est agréablement situé au bord de la rivière. Les hommes semblent de bonne humeur ; bien que les déplacer à travers le Mississippi ait été un acte impopulaire. Les pauvres gens sont emmenés à Corinthe aussi vite que le moyen de transport peut leur être fourni. On leur fait le compliment d'être placés dans la position la plus dangereuse ; car nous nous attendons quotidiennement à une attaque des forces fédérales sur Corinthe.

Aimeriez-vous voir ceux que vous aimez complimentés de cette façon ? Vous ne pouvez vous faire aucune idée de l'amour et du dévouement que témoignent les troupes du Missouri à leur général. Je me trouvais hier soir près d'une fenêtre au fond du couloir, alors que des régiments passaient devant le Gayoso en se dirigeant vers le dépôt, à destination de Corinthe. Le général P... se tenait sur la véranda à leur passage, et des cris et des acclamations pour le vieux général et le Missouri déchiraient l'air.

Le général J... T... m'est venu ce matin et m'a beaucoup amusé avec certaines de ses aventures dans le Missouri l'hiver dernier ; entre autres, il nous a raconté sa ruée vers la petite ville de Commerce pour se nourrir. Ses hommes reçurent l'ordre de prendre une certaine somme, de déposer l'argent et de partir. Alors qu'il les attendait assis sur un petit cheval, sortit « l'héroïne du commerce », comme il appelait la dame. J'ai oublié son nom ; pourtant, je pense que c'était O'Sullivan. Elle s'est approchée du général, lui a serré la main devant le visage et lui a dit qu'il était un voleur et un scélérat. Son mari la tira par le bras et essaya de la faire renoncer ; mais elle restait sourde à ses supplications, se tenant tantôt d'un côté du petit cheval, tantôt de l'autre ; d'abord, en lui tendant la main serrée, puis en se levant, les bras croisés, en l'appelant de toutes sortes de noms. Quelques officiers désiraient que le général T... la maintienne dans sa propre maison jusqu'à son départ ; mais il rit et dit : « Non ; laissez-la tranquille. Elle continuait à tourner autour de lui, à le menacer et à lui parler.

Il a dit : « Ah ! Mme O'Sullivan, vous êtes une femme modeste, une femme très modeste. Madame, ne pensez-vous pas que votre maison a besoin de vous ? L'ironie était impuissante : partout où il allait, il était suivi par la persistante Mme O'Sullivan ; s'arrêtant où il voulait, Mme O'Sullivan était à ses côtés, au grand amusement de ses partisans ; aller où il voulait, Mme O'Sullivan se leva inopinément dans les coins – le visage rouge et amer – toujours dans le même état belliqueux et provocateur.

Un bateau à vapeur a été vu descendre la rivière. Le général T... a ordonné à ses hommes de se cacher derrière un tas de bois jusqu'à ce qu'il arrive, dans l'espoir d'en tirer des provisions. Lorsqu'ils se crurent disposés hors de vue, le général T... leva les yeux, et voici ! à quelque distance en amont de la rivière, se tenait l'inévitable Mme O'Sullivan, gesticulant violemment vers le bateau et criant : « Tournez, tournez ! J——— T——— est ici ; » en agitant en même temps son tablier et son bonnet, d'une manière assez frénétique. Le bateau tourna en effet ; et bien que le projet ait échoué, derrière le tas de bois était assis le général T..., dépité de l'échec, mais riant pourtant de bon cœur de l'attitude et de l' apparence *mal à propos* de Mme O'Sullivan.

L'hôtel est rempli de militaires : de nombreux blessés lors de la dernière bataille de Silo, se promenant les armes en écharpe ; d'autres soutenus par des béquilles. Les dames semblent s'amuser très gaiement : les salles sont remplies de promeneurs et les salons de jeunes couples gais, de musique et de rires.

Pourtant, une surprise soudaine est arrivée à tous : la Nouvelle-Orléans est tombée – un coup inattendu pour la plupart des officiers sudistes. Je ne peux m'empêcher de penser, en voyant toute la vie et l'agitation autour de moi, aux différentes scènes d'ici une semaine ou deux, lorsque la terrible bataille de Corinthe aura eu lieu. Combien de ceux qui sont maintenant heureux et pleins de vie, attendant avec confiance les lauriers qui peuvent être gagnés, avant que la lutte ne soit terminée, resteront silencieux pour toujours dans la mort ! ou, pire encore, peut-être boiteux et mutilé à vie ! On dit que les ouvrages du général Beauregard sont bons ; Pourtant, les approches fédérales seraient largement supérieures.

Mon mari va demain à Corinthe ; et j'irai à O..., Miss., pour attendre le résultat de ce que tous semblent penser être une lutte des plus sanglantes. J'écrirai en arrivant à O———; en attendant, adieu.

O———, 1er mai .

La bataille attendue n'a pas encore eu lieu, et j'attends toujours le résultat ; m'occuper de beaucoup de choses, rendre visite et rendre visite à mes anciens amis ; partageant mon temps entre le monde et l'hôpital, les lumières et les ombres de la vie. Ah, les nuances ! Mon cher J..., tu ne peux pas imaginer combien de souffrances j'ai été témoin au cours des dernières semaines, combien de actes ou de paroles aimables n'ont aucun pouvoir d'atténuer.

Beaucoup de blessés ont été amenés de Corinthe, beaucoup sont morts depuis leur arrivée, beaucoup vont mourir ; mais, le plus triste de tout, un jeune garçon, trop jeune pour être soldat, mais possédant tout l'esprit d'un soldat. Un matin, je suis entré dans une salle que j'avais visitée la veille au soir – une salle de patients très malades – et j'ai vu un vieil homme assis près d'un nouveau lit de camp, attisant un jeune garçon qui gisait, le visage rouge et les yeux brûlants fixés. sur le plafond. Alors que je m'avançais vers eux, l'homme bronzé se tenait droit, me faisant un salut militaire suranné, à moitié maladroit, en disant, ce faisant : « Mon garçon, madame ! « Est-il blessé ? J'ai demandé. Il rejeta le drap qui le couvrait, montra le moignon d'un membre amputé près de la cuisse : « Il a gagné la croix », dit-il, tandis que sa tête se redressait en retenant le drap avec l'éventail, et son œil lança le sinistre fantôme d'un sourire.

Cet homme était un fier soldat de fer, je le voyais. Le garçon délirait ; alors je vais vous parler de cet homme. Refusant de s'asseoir tant qu'une dame restait debout dans la chambre, il se tenait droit au chevet du lit, éloignant chaque mouche du visage du garçon avec la tendresse d'une mère. Un chapeau marron mou était sur le côté de sa tête, protégeant ses yeux, et me suivait dans toutes les parties de la pièce. Un cordon rouge et un pompon pendaient d'un côté de son chapeau et lui donnaient un air enjoué qui ne convenait pas du tout à la raideur surannée de ses manières. Après avoir parlé aux soldats malades et blessés, leur demandant de leurs blessures et de leurs besoins, je suis retourné au lit du jeune garçon et j'ai entendu l'histoire du vieil homme. Ne vous lassez pas si je vous le donne ; il était tellement fier de son garçon, que ce soit mon excuse.

« Nous appartenons aux Texas Rangers, madame, le garçon et moi ; il savait monter à cheval aussi bien que les autres, madame, il y a un an. Lorsque la guerre a éclaté et que nous nous entraînions régulièrement, il était le meilleur cavalier de la compagnie – il pouvait ramasser tout ce qu'il voulait sur le terrain au fur et à mesure. Il n'a que quatorze ans, madame. C'est un garçon bien adulte, en effet. Sa mère était la femme la plus probable que j'aie jamais rencontrée », avec un salut désobligeant vers moi ; « Il a ses yeux – les plus beaux yeux que Dieu ait jamais créés, madame. Elle est morte très jeune, me l'ayant confié, un petit rasoir, et depuis, il est à mes côtés. Les garçons et moi avons essayé de le persuader de quitter l'armée ; « il avait l'air d'être trop jeune pour de telles affaires ; mais il ne voulait pas l'entendre, pas lui, madame, et le voici, passant sa manche sur ses yeux.

« Eh bien, madame, alors il est resté avec nous ; et quand nous arrivâmes à Corinthe, le général Beauregard offrit une croix d'honneur à ceux qui se montraient les meilleurs soldats. Alors nos garçons ont beaucoup parlé pour savoir qui l'aurait ; mais ce garçon ne dit rien. Eh bien, un jour, on nous a ordonné d'aller en reconnaissance, et nous avons trouvé les Yankees, et nous les avons affrontés pendant environ une demi-heure, lorsque j'ai vu ce jeune à mes côtés, penché près d'un arbre, mais debout. Eh bien, nous les avons finalement mis en déroute, quand j'ai découvert que la jambe du garçon était toute brisée, et qu'il avait continué comme si de rien n'était. Alors, quand nous sommes retournés à Corinthe, on a entendu des bruits, de la part des soldats jusqu'aux officiers, sur la façon dont il avait tenu bon. Et surtout, au moment où on lui coupait la jambe, on n'arrivait pas à se procurer du chloroforme, de la morphine ou autre : il s'est juste redressé comme un brave garçon, et il est parti, sans un mot de sa part. lui. Alors les médecins en parlaient ; et il a été informé qu'il recevrait la première croix, et que les garçons l'aimeraient énormément et auraient l'impression de l'avoir reçu eux-mêmes. S'il se débarrassait de sa fièvre et s'en remettait, je serais un homme heureux », dit-il anxieusement.

Pardonnez-moi, je vous fatigue ; mais permettez-moi de vous emmener visiter les prisonniers malades. Le vieil homme que nous croisons dans le hall, avec son bras et sa jambe encadrés, ne s'en remettra jamais ; pourtant il ne le sait pas et me demande souvent si je pense qu'il touchera une pension quand il se portera bien, s'il perd sa jambe et son bras. Il persiste à garder son visage couvert d'un mouchoir, à le relever et à jeter un coup d'œil, s'il entend ma voix, chaque jour, avec sa salutation habituelle : « Vous êtes venu, n'est-ce pas ? Si j'apporte un petit article de nourriture qui, je pense, plaira aux patients, ce vieil homme doit être nourri par moi, et je suis souvent amusé par les instructions qu'il me donne, car il est extrêmement pratique et particulier : « Maintenant, si vous Je tournerai un peu la cuillère d'un côté, je tournerai ma bouche dans ce sens, et la crème anglaise y passera en toute sécurité. Pauvre homme, sans ami, les deux bras grièvement blessés et la jambe brisée, mourant peu à peu, mais jusqu'au bout le mouchoir était levé et l'accueil joyeux me saluait : « Vous êtes venu, n'est-ce pas ?

Je pense que je vous vois regarder autour de vous dans cette salle pour savoir quels sont les prisonniers, car tous semblent joyeux et bavards. Dans ce lit près de la porte, avec un membre blessé dans un cadre - comme un énorme lion - se trouve un homme, avec de grandes moustaches, un corps large et des membres longs, mais avec un agréable sourire de bienvenue lorsque nous entrons et demandons des nouvelles de son état. blesser. Il va « mieux ce matin, merci » ou « je vous en suis obligé, pas tout à fait aussi bien ». Sur la table à côté de lui, le petit tableau d'un enfant de trois ans n'est jamais fermé. Un petit enfant aux yeux bleus, au cou blanc et nu et aux bras ronds et charnus, montrant le souhait de la mère que l'image soit belle et belle aux yeux du père. Le drapeau fédéral figure sur la couverture. L'homme, un capitaine, appartient à une compagnie de l'Illinois. L'enfant et la mère, les yeux larmoyants et le cœur nostalgique, regardent la vaste étendue de terre et d'eau qui les sépare, les limites cruelles que l'homme a fixées, toujours fidèles dans leur amour. Il attend toujours et espère le moment où la liberté lui appartiendra et où lui, constant et vrai, y reviendra. Il me donne le nom du petit, en me regardant avec tristesse de son œil sombre. S'il est libre, s'il entend un jour ces paroles, il se rappellera comment le petit était regardé par une dame en profond deuil, au cœur de laquelle un enfant de trois ans avait ramené un souvenir triste et larmoyant.

Viens avec moi au prochain lit de camp ; ne reculez pas devant ce front noirci. Hier, c'était un vieux soldat confédéré au visage noble, aux cheveux gris, avec le joli sourire plaintif d'une parfaite résignation. Il souffre beaucoup d'une blessure au corps ; parle rarement, mais sourit toujours avec gratitude à la moindre attention. Ce matin, je constate que l'érysipèle a éclaté, s'étendant sur son front et une partie de son visage. Il me prévient, avec le même sourire agréable et résigné, de m'approcher de lui, de peur que je ne contracte la maladie. La peau noircie est due à l'effet de l'iode qui freine sa progression. Il ne vivra pas : cher et patient vieillard, j'ai mal au cœur pour lui, mais je ne peux lui donner que des paroles aimables.

Ce matin, j'ai porté un toast aux hommes de cette paroisse. Le vieillard dormait, et je donnais à chacun sa part. Alors que je parlais à un prisonnier dans une autre partie de la pièce, j'entendis l'Illinoisien dire : « Laissez-moi partager ce toast avec vous ; Je n'ai pas besoin de tout. Je me retournai et entendis le vieil homme répondre : « Oh, non ; tu le gardes. Je me suis procuré son toast et je le lui ai apporté, disant en riant au prisonnier que je croyais avoir vu l'aube du millénaire.

Ne souhaites-tu pas, cher J..., que l'aube soit bel et bien parmi nous ; que les hommes courageux et nobles ne devraient plus souffrir, saigner et mourir, mais vivre ; et dans leur vie deviennent-ils plus reconnaissants et dignes du sang divin qui a été versé pour éliminer les souffrances effrayantes et la guerre qui nous entourent ?

Pardonnez-moi pour le temps que je vous ai retenu et souvenez-vous de moi comme toujours, cher J...,

Le vôtre.

O———, juin 1862.

Pouvez-vous le croire, cher J..., le général Beauregard a évacué Corinthe ? Vous l'avez désormais appris par les journaux et partagez avec moi cette surprise. Nos sentiments fluctuent depuis des semaines avec les nouvelles de Corinthe. Premièrement, un engagement aurait probablement lieu le lendemain. Alors, quelqu'un avait entendu des coups de feu lourds et était sûr que la bataille avait eu lieu. Et le lendemain, tout était calme à Corinthe.

Mais le plus étonnant de tous, car nous étions préparés à tout d'ailleurs, c'est que Corinthe a été laissée tranquillement ; absolument laissé, et les troupes fédérales occupent probablement la place. Chacun a quelque chose à dire sur le sujet, et tous sont d'autant plus brillants dans leurs idées que tous ont toute latitude pour les exercer. Personne ne possède d'informations fiables et nous sommes une communauté de conjectures – messieurs comme dames. Quelque chose qui sort de l'ordre commun des choses, direz-vous.

Mais une trêve avec la politique, que j'affectionne beaucoup et que, comme la plupart des femmes, je connais très peu. Pourquoi une femme sensée se soucierait-elle de parler d'autre chose que de sa toilette et de ses domestiques ? J'ai donc assisté il y a quelques soirs à une agréable petite *soirée* , honorée par les belles et élégantes filles du général P..., du Tennessee, et la jeune épouse du fils unique de Jacob J..., une douce jeune fille. Tous étaient en grande tenue de soirée, même si les invités étaient peu nombreux.

Mais nouveauté, écoutez : une jeune mariée espagnole, une femme brillante, a ébloui mes yeux pour la soirée. Ne conversant que dans sa belle langue nationale, elle aux gestes animés fascine et éclaire volontiers par rapport à ses thèmes. Puis elle gazouille d'une manière très belle, et on ne peut guère se plaindre que ses notes les plus aiguës manquent de puissance, alors qu'elle se lève de l'instrument, posant la main sur son cœur, et prononçant d'une voix brisée les seuls mots anglais dont elle est maîtresse : « Oh ! pitié, pitié ! avec un grand respect envers son public.

Je suis préoccupé par nos pauvres patients hospitalisés, dont vous ne m'avez pas rencontré un tiers, chacun a une individualité distincte qui m'intéresse extrêmement. Il est à craindre que les troupes fédérales n'avancent sur O... et que les malades ne soient transportés vers un endroit plus sûr en contrebas. Je serai désolé de les voir partir, les pauvres. Le garçon qui a obtenu une double croix à Corinthe a fermé les yeux doucement et calmement. La souffrance ne le dérangera plus jamais. Il est mort. Le vieil homme est retourné vers sa compagnie avec des spasmes de douleur au cœur dont le monde ne saura jamais.

Laissez-moi vous parler du dévouement de cet homme. La fièvre du garçon faisait toujours rage, avec des intervalles de plus en plus légers. Le médicament n'a pas réussi à produire l'effet souhaité. Les médecins semblaient anxieux alors qu'ils s'approchaient de son lit. Je voulais prendre la main du vieillard et lui parler de l'Ami du ciel, dont la mort elle-même ne pourra jamais nous séparer ; mais une peur insensée me retenait. Une nuit, les médecins se réunirent autour du petit lit de camp, le vieil homme, comme d'habitude quand d'autres étaient proches, se tenant raide à la tête, mais avec des yeux alarmés et brûlants, lisant attentivement chaque visage. Une lecture triste, désespérée – les yeux le disaient, tandis que la main cherchait le pouls faiblement battu. "Docteur, puis-je essayer de sauver mon garçon à ma manière ?" dit le vieillard en suivant le médecin dans le hall. "Oui, faites ce que vous voulez avec lui, mais ne lui faites pas de douleur inutile."

Le matin, une grande bassine d'eau froide était apportée à la salle et placée près du lit du malade ; et, au grand désarroi des soldats dans les lits alentour, le garçon fut retiré, blessé comme il l'était, par les bras forts et doux de celui aux yeux duquel il était plus précieux que le plus rare des diamants et de l'or. Un rapide arrosage, et il fut bien frotté, étroitement couvert, et s'endormit bientôt profondément, la transpiration sortant abondamment pour la première fois depuis deux jours. Il allait décidément mieux, et le sourire fier sur le visage du père était une chose heureuse à voir. Peu à peu il s'affaiblissait, la fièvre revenait, et un matin, le cœur douloureux, je vis le calme de la mort dans les yeux fermés et la narine immobile. Debout à la tête du lit, son chapeau rabattu sur ses yeux, les bras croisés dans une agonie sévère et patiente, le père regardait encore, très fidèlement. Je ne peux pas vous exprimer le chagrin que ma sympathie vous a apporté – le chagrin, et constamment les mots : « Seul ! tout seul! Mon garçon! oh, mon garçon !

Les dames voulaient faire de grandes funérailles pour le brave et jeune soldat, mais les médecins ne consentirent pas à ce qu'il soit enterré en ville, affirmant que les soldats étaient tous dignes d'attention et qu'aucune distinction ne pouvait être permise. Alors, avant qu'il ne soit enterré, je suis allé à l'hôpital et j'ai regardé pour la dernière fois ce jeune visage mort, d'où toute trace de souffrance avait fui : seulement la paix et le repos maintenant pour toujours !

La douleur et l'angoisse laissaient une profonde impression sur le visage de l'homme près de la tête : les lignes tracées de l'observation et de la souffrance étaient plus évidentes, car avec un sourire tendu et presque un halètement de douleur, il me remerciait de l'intérêt que je lui portais. pris. « Tout le monde est si gentil ! » il a dit. Il était allé en ville ce matin-là et avait acheté un petit manteau noir, qu'il avait placé sur la petite forme. Un gilet de velours noir, un sein blanc et une cravate nouée sur le cou blanc et enfantin, disaient la tendresse qui ne reculait pas devant le froid de la mort.

« Il ressemble à sa mère, madame, plus que jamais, maintenant », murmura-t-il en ramenant doucement le drap sur la forme inanimée ; et se retournant carrément, me tournant le dos, je le vis passer encore et encore sa manche sur ses yeux. Nous sommes nés avec cette douleur humaine ; et pourtant c'est une chose épouvantable pour moi. Vous avez manifesté votre intérêt pour ces visites aux blessés et aux mourants ; c'est pourquoi je parle.

Encore une vie qui plane sur la tombe ! — encore une vie qui a souffert, oh ! je ne puis vous exprimer combien ! Un prisonnier de l'Iowa, appartenant à la deuxième cavalerie de l'Iowa, fut capturé à Farmington, près de Corinthe, touché si gravement au corps, qu'on avait très peu d'espoir de guérison : il s'attarda quelques semaines et perdit d'un homme robuste et chaleureux. , jusqu'à un pauvre être émacié – parlant rarement – ne se plaignant jamais, mais souffrant pourtant beaucoup, je pouvais le voir.

Quand je suis arrivé, un matin, le chef de paroisse m'a murmuré qu'il était mort toute la nuit. Je suis entré dans la salle; son regard chercha le mien, avec un regard nostalgique, et s'éclaira lorsque je m'approchai de son lit. J'ai lissé les cheveux de son front, humidifié ses lèvres, puis, prenant la brosse anti-mouches, j'ai résolu de rester près de lui jusqu'au bout. Oh, cher J———! ces yeux mélancoliques qui suivaient chacun de mes mouvements ! ces yeux anxieux et mourants !

Que faisait maintenant la pauvre mère dont il me parlait tout bas ? Comme elle ne savait pas que les yeux qui lui étaient si chers regardaient maintenant leur dernière lumière ! Loin de la maison et des amis, parmi des étrangers, l'âme s'évanouissait rapidement dans la grande mer de l'éternité, dont les brillants espoirs régulent si doucement notre cours de vie ! discours insondable, en face de moi ; car mon visage lui disait ce que mes lèvres hésitaient à faire !

« Si je peux écrire à ta mère avant que tu sois libre, que dirai-je ?

"Tu sais," murmura-t-il.

« Vous êtes très malade, et Dieu ne peut pas vous épargner la vie ; Veux-tu dire une petite prière après moi ? Et ainsi quelques mots furent prononcés, qu'il murmura après moi, après de longues pauses, presque haletant au dernier mot. Et ainsi je m'assis à côté de lui, le regard de ses yeux dans les miens devenant de plus en plus intense. Il semblait que toute son âme était écrite dans un langage ineffable. Enfin, la paupière tremblante, le souffle doucement fugace, refluant, oui, refluant si vite !

Ô Père ! donne à cette âme éprouvée ton repos, par l'intermédiaire de ton cher Fils.

Enfin libre, prisonnier ! Paix à ton âme ! Dieu accorde sa paix !

Mon ami, redoutes-tu la mort ? Je l'ai vu si souvent venir comme un soulagement de la douleur et de la détresse, que je n'ai pu que le bénir. N'oubliez pas que vous avez demandé ces détails ; et crois, comme je le souhaite toujours, en mon affection,

Le vôtre.

Il y a longtemps que je n'ai pas eu de vos nouvelles, cher J... ; il y a longtemps que je n'ai pas écrit. Vous remarquerez que je suis de nouveau à O———. Peu de temps après avoir écrit mon dernier, les troupes fédérales prirent possession de Holly Springs et menacèrent O.... Les patients de l'hôpital ont été évacués ; et j'ai traversé le pays pour rencontrer mon mari, qui était à Tupelo. Après avoir passé quelque temps à Pontotoc, je continuai ma route jusqu'à Tupelo et restai quelque temps dans une plantation distante de six milles. Entre-temps eut lieu la bataille d'Iuka ; et la perte du brave général Little fut profondément ressentie par les Missouriens. Les troupes revinrent découragées. Peu de temps après, ils furent conduits jusqu'à Ripley, où une jonction fut formée avec les troupes du général V... D... ; et une attaque fut lancée contre Corinthe, au cours de laquelle les troupes se comportèrent vaillamment, mais en vain : cela prouva une repoussée complète ; et l'armée dirigée par les deux généraux échappa de peu à la capture.

Les épouses et les familles des officiers étaient bien entendu affligées et anxieuses. Chaque jour, des courriers arrivaient au galop dans la ville, avec des rapports les plus contradictoires.

À un moment donné, nous avons entendu dire que les Missouriens étaient complètement coupés en morceaux ; encore une fois, qu'ils ont tous été capturés. L'un des coursiers a déclaré qu'il avait vu mon mari allongé dans une ambulance alors qu'il passait. À quel point j'étais bouleversé, vous pouvez l'imaginer. Pourtant, deux jours se passèrent péniblement ; et toujours aucune nouvelle. Le soir du deuxième jour, alors que j'étais assis au clair de lune sur le portique, j'entendis un véhicule qui descendait la route à grande vitesse ; en approchant de la maison, j'ai vu que c'était une ambulance. Mes pires craintes prirent maintenant forme et forme : M... blessé, peut-être mortellement blessé, pensai-je ; et j'ai couru rapidement dans l'allée. Le chauffeur m'a rencontré à la porte, me disant qu'il avait été envoyé en toute hâte après moi, que Tupelo serait évacué dans la nuit, et mon mari avait écrit au quartier-maître des postes pour me mettre sous sa garde. J'avais aussi une lettre. Le quartier-maître m'emmenait à travers le pays avec le train de wagons à l'aube le matin. Mon mari allait bien, a-t-il répondu à ma première et sérieuse demande.

Il était maintenant neuf heures ; ma petite fille dormait profondément au lit. L'homme, sergent, bien connu de mon mari, n'avait pas encore soupé ; ainsi, pendant qu'il mangeait, j'ai rassemblé mes bagages, j'ai enroulé un châle autour de mon enfant endormi, puis, avec un au revoir précipité, nous sommes partis, six milles à travers les bois, à travers ce qui avait été un marais infranchissable. Maintenant, l'obscurité des arbres immenses me rappelait toutes les histoires passionnantes que j'avais entendues sur des voyageurs égarés dans les marécages et les bois denses. J'ai regardé les ombres sur les troncs d'arbres et j'ai imaginé un homme se cachant dans l'obscurité derrière eux. Les hiboux pleuraient tristement et le chant plaintif de l'engoulevent pourpre nous parvenait des profondeurs denses de la forêt.

Mon serviteur se glissait près de moi, car les nègres, dans leur imagination vive, remplissent la nuit les bois de fantômes et de fantômes des défunts. Souvent, après nous avoir détaillé les événements de la récente bataille, notre chauffeur, au clair de pleine lune, brisait le silence avec l'un des airs émouvants du camp, sifflant fort et strident ; alors mes espérances martiales et politiques augmenteraient ; mais tandis que nous nous replongions dans l'obscurité des cyprès escarpés, où la chouette et l'engoulevent se disputaient, le silence nous envahissait de nouveau, et je redevenais une femme timide et craintive.

Bientôt, nous vîmes des lumières à travers les arbres, puis des rangées de feux de camp, et le bruit et l'agitation devinrent les caractéristiques principales de la ville : le bétail passait à travers, avec de nombreux cris et halloo ; les chariots passaient rapidement ; les soldats préparaient des rations devant les feux de camp – une scène de préparation intense.

Nous nous rendîmes au bureau du quartier-maître, et ces messieurs nous y conduisirent, regrettant d'avoir été obligés de me faire appeler d'une manière si sommaire. L'ordre de bouger était venu à la tombée de la nuit ; et depuis lors, ils avaient été constamment employés, car la ville devait être évacuée à la lumière du jour ; car les forces fédérales avançaient rapidement.

La maison était un bâtiment inachevé : une grande et longue pièce composait le deuxième étage, avec une petite partie cloisonnée et digne du nom de bureau. J'y fus conduit, moi et mon serviteur, à travers des tas de colliers de mules, de harnais, de brides, etc.

Ici, j'étais heureux de trouver un petit lit de camp sur lequel j'ai déposé mon enfant pour la première fois hors de mes bras. Avec de nombreuses excuses pour le mauvais logement qu'ils avaient à m'offrir, ces messieurs prirent congé ; et j'entendais les ordres rapides donnés aux commis, aux chauffeurs et aux soldats, alors qu'ils reprenaient leurs préparatifs précipités. J'ai pris mon tricot et je me suis assis près de la fenêtre. La lune était basse dans le ciel ; pourtant le tumulte continuait dans toute la ville. Mon enfant dormait paisiblement – son père se trouvait à des kilomètres de là, mais, je le savais, il était inquiet pour notre bien-être.

A l'aube, nous étions en route. La première nuit, j'ai dormi à Pontotoc chez un ami. Les messieurs campaient en dehors de la ville à environ un mile. Le matin, avant que je quitte ma chambre, mes amis m'ont appelé et m'ont laissé un message à la maîtresse de maison. Je devais partir le plus tôt possible et m'efforcer de prendre la tête du convoi et d'échapper ainsi à la poussière. Notre chauffeur était un soldat de l'Arkansas, un petit homme calme et doux, avec très peu de force. Nous avons roulé d'un bon pas dans l'air agréable du matin pendant deux ou trois heures, sans rien voir du train : peut-être étions-nous avant eux. Actuellement, nous nous sommes arrêtés et avons tenu une consultation. Dans chaque opinion que j'ai exprimée à ce sujet, j'ai trouvé un écho immédiat de la part du petit homme, pour et contre. Nous avions roulé peut-être trop vite : nous ne trouvions aucune trace des chariots. En attendant patiemment un moment, un pressentiment désagréable me traversa l'esprit. On ne m'avait pas dit quelle route prendre; il y en avait deux : peut-être nous étions-nous trompés. O... était à quarante milles de Pontotoc ; nous en étions déjà à neuf heures et nous ne pouvions plus revenir en espérant retrouver nos amis.

La seule alternative était de passer par O———, où M—— avait prévu de nous rencontrer. Alors, en réponse à la question du petit homme : « Ne pensez-vous pas que nous ferions mieux de nous préparer et d'essayer de faire O... de nuit ? J'ai dit oui." Les nuages commencèrent à recouvrir le ciel ; et j'entendis des grondements de tonnerre au loin ; le soleil brillait toujours par intermittence ; et j'espérais que la pluie ne tomberait pas près de nous. En avançant rapidement, nous n'avions parcouru que quelques kilomètres, lorsque les signes indubitables d'une tempête qui allait bientôt éclater sur nous me convainquirent qu'il fallait chercher un abri ; où, c'était difficile à dire, car la route que nous parcourions était presque dépourvue de maisons. J'étais désespéré lorsque le vent sifflait autour de nous, chassant en tourbillons les feuilles et l'herbe séchée sur le sol, et balançant haut et bas, avec un bruit gémissant, les branches des immenses arbres de la forêt. Dans mon anxiété, je me suis agrippé à une paille. Je me suis souvenu, en parcourant cette route auparavant, que M... avait indiqué une route à travers les bois qui menait à Lafayette Springs. Le propriétaire connaissait mon mari ; et je résolus de prendre une route de campagne que je voyais mener dans la direction que j'imaginais être les sources. Imaginez-moi, J..., si vous le pouvez, assis au centre de l'ambulance, mon domestique à mes côtés, le petit J... entre nous, le petit chauffeur, doux et résigné, se retournant quand je disais, s'arrêtant quand je disais. dit stop. Prenant un chemin étrange, je ne savais où, nous approchâmes enfin d'une cabane des plus peu prometteuses, dont les habitants remplissaient la porte au bruit des roues, de toutes tailles, vêtus de robes jaunes, surmontées de têtes blanches emmêlées. La vieille dame « savait qu'il y avait des sources quelque part à proximité, et pensait que cette route pourrait passer par là » ; puis, reprenant sa pipe, elle chercha une confirmation de ce que disait sa fille aînée, qui dit : « Oui, elle estimait que la route nous mènerait là, si nous restions « tout droit ».

« Fouettez les mulets, m'écriai-je, et conduisez vite ; car la tempête s'assombrissait autour de nous ; et l'ambulance tinta un refrain dans les « bois de pins » silencieux. De grosses gouttes tombaient maintenant ; le vent gémissait et soufflait tristement à travers les « arides », gémissait et balayait la route étroite, faisant tournoyer les « pointes de pins » à notre passage ; La pluie tombait de plus en plus vite. Nos vêtements plus lourds, châles, manteaux, etc., étaient avec les malles : un châle léger, dans lequel j'enveloppai mon enfant, était tout ce que nous possédions dans cette urgence. La couverture de l'ambulance était parsemée d'impacts de balles, à travers lesquels la pluie tombait froidement et sans relâche. Le petit cocher souffrait le martyre : serré le plus près possible, avec sa couverture autour de lui, le vent chassant la pluie en nappes entre lui et les mulets, il me regardait dans la brume comme une boule inanimée, ronde et brune. Bientôt, le plancher de l'ambulance se remplit si rapidement d'eau qu'il jeta sa couverture par-dessus le véhicule pour empêcher la pluie de tomber ; puis, s'apaisant à nouveau, le seul signe de vie chez le petit être était le processus mécanique consistant à fouetter les mules.

Une petite route secondaire se présentait, menant à la forêt, fraîchement balisée par des traces de charrettes. Entendant les aboiements d'un chien non loin de là, j'ai ordonné au chauffeur de faire demi-tour à la recherche d'une maison. Après avoir parcouru un quart de mile, nous arrivâmes à une autre petite cabane. Sous la pluie, la voix faible du petit chauffeur a amené à la porte une femme qui nous a informés que Lafayette Springs était à trois milles « devant ». Très heureux, le petit homme se tourna vers moi et, avec un visage joyeux, disant : « Très bonne nouvelle », fouetta ses mules ; et je crois fermement que cet homme était myope ; car en deux minutes de plus, nous aurions quitté un précipice presque caché par la cime des arbres qui poussaient bien en contrebas, à la base. "Arrêt!" J'ai pleuré, alors que les têtes des mulets dépassaient presque le bord de la falaise. Le petit homme demanda docilement ce qu'il devait faire. "Reculez les mules!" J'ai pleuré; et, après une retenue pénible, nous fîmes enfin demi-tour et nous retrouvâmes sur la route. "Nous aimons passer un bon moment," m'a dit le petit homme. "Nous l'avons fait, en effet", répondis-je doucement; car je craignais d'avoir blessé les sentiments du pauvre homme en parlant si vite à ce moment critique. Heureusement, nous sommes arrivés aux sources sous une pluie battante et avons été agréablement accueillis. Le propriétaire a fait tout ce qu'il pouvait pour mon confort.

J'ai eu le plaisir de rencontrer un ami qui avait rencontré mon mari et qui m'a beaucoup parlé de la récente bataille. Le lendemain matin, nous sommes partis tôt. J'ai décidé, même si c'était une matinée humide et désagréable, d'en finir avec mes errances solitaires. Nous avions parcouru environ quatre milles, frissonnant dans la brume lugubre, lorsque j'entendis un galop rapide le long de la route. Le rideau de l'ambulance fut levé - un joyeux bonjour d'une voix que je ne pouvais pas méprendre : M... roulait à nos côtés, nous demandant comment diable nous avions fait pour nous éloigner si loin de nos amis. Je ne pouvais rien répondre à ces plaisanteries. Corinthe, avec toutes ses horreurs sanglantes qui étaient si vivement présentes dans mon esprit, l'anxiété constante que j'avais ressentie, et maintenant mes tribulations étaient terminées... M... en personne ici pour prendre en charge nous ! Je me suis couvert le visage et j'ai pleuré comme un enfant idiot. Ne me blâme pas; vous ne vous êtes jamais perdu dans les bois lors d'une tempête et vous avez senti que la responsabilité de chaque action vous incombait. M... avait été envoyé pour affaires à Pontotoc, avait entendu parler de nous là-bas et nous avait suivis, craignant que nous n'ayons rencontré quelque accident. J'accompagnerai M—— dans quelques jours à Holly Springs, où les généraux P——, V—— D—— et L—— se retranchent avec leurs forces. Au moment où j'écris, la lumière du soleil s'estompe ; et seule la lumière cramoisie qui s'estompe traverse mon papier. Pour terminer, permettez-moi de vous prier de toujours vous rappeler, pendant que vous lisez, mon affection pour vous,

Comme toujours.

HOLLY SPRINGS.

Vous souhaitiez que je tienne un journal pour vous, cher J—— ; mais je répondis qu'un journal serait un ennuyeux composé de dates, avec trois lignes exposant la vapidité de la plupart des jours ; et je préfère écrire les événements au fur et à mesure qu'ils se déroulent. Vous m'avez répondu que mes lettres devaient être volumineuses si elles étaient satisfaisantes. Ne vous repentez-vous pas déjà de cette remarque ? Je me réjouis, si la longueur plaît, mes lettres sont satisfaisantes.

La bataille de Corinthe fut un échec sanglant. Oh le sang qui a coulé dans cette guerre merveilleuse et des plus épouvantables ! — les larmes et les souffrances ! Ne peut-on rien faire pour apaiser les passions féroces des hommes ? Oh! J..., pourriez-vous voir, comme moi, les êtres humains déchirés et mutilés ramenés du champ de bataille, avec de grands cris à Dieu pour la mort ! — pour la miséricorde et pour la mort ! — vous, comme moi, demanderiez avec inquiétude : « Rien ne peut-il effacer cette mort ?... cette angoisse ? Aucun appel ne peut-il être lancé pour que la paix nous vienne ? Mais la femme pleure, tandis que l'homme frappe !

Holly Springs, avec ses maisons blanches aux vérandas, ses agréables jardins, ses larges rues et ses maisons hospitalières, est la plus agréable des villes du Sud ; bien que bondé et regorgeant de soldats et d'officiers.

Les habitants semblent unis dans les efforts pour se divertir. Les généraux V—— D——, P——, L—— et T—— ont chacun leur quartier général respectif dans la ville. Il y a une semaine, j'ai assisté à une revue des troupes sous les ordres des généraux L... et T.... Ils présentaient une belle apparence : la plupart d'entre eux portaient un uniforme neuf et avaient été rénovés par rapport à leurs vêtements de prison. Le général V—— D——, qu'on appelle le meilleur cavalier de l'armée, galopait de long en large sur une flotte, un beau cheval noir, suivi du général P——— sur une grande baie qui galopait lourdement et avec moins de vitesse.

Il y avait de nombreuses dames à cheval présentes, dispersées sur le terrain, généralement entourées d'un groupe d'officiers gais. Avant-hier, nous sommes allés à une grande revue des troupes du Missouri sous les ordres du général P.... Il y avait des spectateurs de tout le pays : beaucoup arrivèrent de loin sur les voitures. Les troupes du Missouri ont acquis une telle renommée impérissable lors de la dernière bataille de Corinthe, que tous sont impatients d'assister à leur revue et d'encourager les braves gens qui ont tant souffert. Bien que repoussés et obligés de battre en retraite, leur vaillant combat pour deux rangées de fortifications supérieures face à un feu atroce, le peuple du Sud n'oubliera jamais.

Le général P... est également très aimé du peuple ; même si les chefs de gouvernement lui sont fortement opposés. Il est naturel, bien sûr, que le président Davis suppose qu'un militaire régulièrement instruit serait plus susceptible de comprendre la science de la guerre qu'un homme qui n'en a pas fait son étude. Mais pourquoi paralyse-t-il un officier aussi efficace que le général P... l'est certainement, au point de le rendre presque inefficace ?

Les Missouriens examinés avaient l'air frais et vivants. Le général P...,, accompagné de son état-major, se tenait près de nous pendant la pause, pendant que nous attendions l'arrivée du général V... D.... Un des officiers d'état-major du général P... traversait le champ pour porter une dépêche, lorsque son cheval, trébuchant, tomba sur l'herbe, faisant rouler encore et encore sur le gazon ce monsieur brillamment en uniforme, au grand amusement des spectateurs. qui l'acclamait vigoureusement. Je me suis senti désolé pour lui; et bien que certains de ses amis me parlaient à ce moment-là, je pouvais à peine cacher un sourire. Mais les hommes qui, à un demi-mille de distance, avaient été alignés, tournent maintenant, se forment et marchent autour de la petite colline au loin. Voyez, le soleil jette un regard sur les baïonnettes des canons, à mesure qu'ils montent, et en descendant sur le sommet de la colline, le balancement régulier de la ligne et le regard de l'acier montrent la discipline à laquelle ils ont été soumis.

Maintenant ils passent devant le général, qui est assis un peu derrière le général V... D... et près du général Q.... Parmi l'artillerie, j'ai vu le Lady Richardson, capturé et emmené de Corinthe. En avançant et en passant devant le général V... D..., ils saluent ; à quoi répond le fait qu'il lève sa casquette aux couleurs, dévoilant une tête fière et juvénile, entourée de boucles. Il est juste devant moi et je ne vois pas son visage, marqué de rides profondes que j'ai déjà remarquées. Le soir, après la revue, j'assistais à une fête donnée aux généraux rassemblés ici. La maison était bondée ; les généraux, avec leur état-major et d'autres officiers, étaient là, ainsi que quelques-unes des charmantes dames de Holly Springs. Le souper était beau. Des toasts furent portés aux généraux P... et V... D..., et tout se passa dans la joie, etc. Mais au milieu d'une conversation, un officier m'a dit que les forces fédérales avançaient sur Holly Springs et que les forces confédérées évacueraient probablement la ville dans un jour ou deux. Alors, cher J——, on ne sait pas où je serai la prochaine fois que j'écrirai.

JACKSON.

Je sais que vous souriez, comme vous voyez Jackson écrit en tête de ma lettre – souriant en pensant avec quelle méthode je me suis retiré d'une ville après l'autre, comme les troupes fédérales se sont courbées dedans ; pourtant vous connaissez la vieille scie : « Celui qui combat et s'enfuit », etc. ; même si cela ne me réconforte pas, car les combats sont mon abomination depuis le début de la guerre. J'ai toujours, dans les temps paisibles, admiré les héros vêtus d'uniformes brillants, et je le ferais maintenant, si le héros pouvait m'assurer que l'uniforme brillant serait toujours rempli de vie. Mais comment peut-on ressentir du plaisir dans les atours dorés d'un ami, quand on sait qu'il peut éventuellement servir de cible anxieusement recherchée à quelque tireur d'élite. Vous ne vous étonnez pas de ma citation en faveur d'un mouvement rétrograde dans cet état d'esprit, n'est-ce pas ? Depuis une ou deux semaines, je passe d'un état d'excitation à un autre, si bien que je suis vraiment heureux de trouver un lieu de repos tranquille.

De Holly Springs, l'armée dirigée par les généraux V... D... et P... se retira sur Abbeville, où elle resta stationnaire pendant un certain temps. Un jour, les habitants d'O... furent alarmés par le bruit lointain du canon. Une grande émotion régnait et diverses rumeurs circulaient. Celui que les troupes fédérales avaient atteint le Tallahatchee ; un autre qu'ils avaient traversé, et une bataille progressait entre les forces fédérales et confédérées.

La ville s'est réveillée. Les chariots passaient et repassaient. On voyait de nombreuses familles se diriger rapidement vers le dépôt, des voitures remplies de femmes et d'enfants circulant rapidement dans la même direction. Mes amis se préparaient également à partir. J'avais reçu un télégramme de M..., me disant d'être prêt à partir dans l'après-midi. Mes préparatifs étaient faits. Un monsieur est venu m'accompagner dans le train descendant lorsque, à notre grande déception, les passagers n'étaient pas autorisés à monter dans le train, car les patients de l'hôpital devaient tous être évacués avant de pouvoir accueillir les passagers. Mon ami fut cependant, grâce à une faveur particulière, autorisé à monter dans un fourgon à bagages avec mes malles. Le lendemain, dimanche, comme cela ressemblait peu au sabbat ! les trains de voyageurs devaient circuler si tous les magasins pouvaient être transportés. Ainsi, un certain nombre d'amis, ainsi que moi-même, prirent place assez tôt dans les wagons du dépôt et attendirent patiemment heure après heure, entendant les rumeurs les plus distrayantes, jusqu'à ce que ma patience soit presque épuisée.

Dans l'après-midi, grande fut ma joie de voir M... entrer dans la voiture. L'armée se retirait d'Abbeville. Nos amis résolurent de prendre leur voiture et de traverser le pays jusqu'à Colomb. M... a dit qu'il pouvait me procurer une ambulance, mais que je serais obligé de suivre l'armée, car les forces fédérales le suivaient de près. Les voitures ont été évacuées rapidement et j'ai vu le dernier de mes amis. Une ambulance est arrivée et je me suis rapidement dirigé vers le sud. Cette nuit-là, nous nous sommes arrêtés dans une maison au bord de la route. Le lendemain, la plus grande partie de l'armée passa par là et campa sous la maison où nous passâmes la nuit.

Le lendemain matin fut sombre, sombre et désagréable. Pendant que j'attendais que M—— vienne avec une ambulance, le général P—— m'a invité à monter avec lui. Les routes étaient dans un état des plus misérables et, pendant un certain temps, nous roulâmes sur une route en velours côtelé.

Imaginez-moi, cher J..., sur une route de velours côtelé, cahotant à travers un marais, avec mon enfant dans les bras ; le général parlait de la manière la plus calme et la plus courtoise. Pourtant, la tristesse de la journée m'envahissait et je me sentais terriblement misérable. Bientôt, la pluie commença à tomber. Nous étions alors sur une grande route, qui devenait de plus en plus mauvaise à cause du voyage de l'artillerie, dont la plus grande partie était devant nous. Immédiatement derrière l'ambulance du général se trouvait la voiture d'une dame qui avait été obligée, comme moi, d'abandonner les voitures.

Comme la pluie tombait sans cesse ! De temps en temps, l'ambulance roulait sur le bord de la route, s'arrêtant pour laisser passer l'infanterie. Pauvres gars ! mouillés et crasseux de boue, marchant péniblement avec des couvertures et des sacs à dos attachés sur le dos, et des fusils sur l'épaule ; des accompagnements gênants à tout moment – bien plus encore maintenant sous la pluie battante. Au pied des collines, nous étions souvent obligés de nous arrêter, parfois pendant une heure, en attendant le passage de l'artillerie au sommet de la montée. Les troupes fédérales étaient serrées en arrière. Les chevaux s'efforçaient et tiraient, mais la boue était si épaisse et si lourde que les roues s'encrassaient, et je levai les yeux avec inquiétude, m'attendant à voir quelque énorme canon, poussé par son poids, revenir au pied de la colline. Souvent, les soldats étaient obligés de patauger dans les profondes ornières de boue à flanc de colline et de donner une nouvelle impulsion à quelque pièce vacillante, aidant les chevaux et poussant le lourd affût de canon d'une seule force.

Sous la pluie, les officiers d'état-major étaient assis sur leurs chevaux dégoulinants ; et, donnant des ordres depuis la fenêtre de l'ambulance, le vieux général pressait les hommes. Je m'étonnais de la patience, de la gentillesse avec laquelle il parlait à tous ; rapidement et joyeusement aux officiers d'état-major : « Continuez votre route et voyez ce qui obstrue la route » ; et sur un ton de sympathie, à travers la pluie, au soldat en difficulté : « Continuez, les hommes, continuez. » « Nous campons à proximité, n'est-ce pas ? » » cria-t-il d'une voix claire à l'inspecteur. Et les hommes relevèrent la tête baissée et se pressèrent devant les encouragements de la voix bien connue. Je vois le pouvoir de la gentillesse chez ces hommes, cher J———. Il y a peu d'officiers généraux dans la Confédération aussi appréciés de leurs hommes que le général P..., et pourtant il n'est que bon et parfaitement juste.

Cette nuit-là, nous nous sommes arrêtés au-delà de Water Valley, dans une maison où la pauvre hôtesse essayait de nous mettre à l'aise et nous donnait une grande partie de sa compagnie, nous disant qu'elle était « la cousine de la femme de Stonewall Jackson et de la femme de Hill » ; mais elle « estimait qu'ils ne le savaient pas et qu'ils n'y penseraient pas beaucoup s'ils le savaient ». Elle a amené un gros bébé et s'est assise à côté du général, lui disant qu'elle allait donner son nom à ce bébé. Le général était aussi affable que d'habitude ; mais je me tournais souvent vers la fenêtre pour cacher mon amusement.

Soudain, j'ai été surpris de la voir se tourner rapidement vers moi et me demander si je « la considérerais un jour comme une parente de la femme de Stonewall Jackson et de la femme de Hill ». N'ayant jamais vu aucune des dames susnommées, j'ai répondu consciencieusement que je ne savais pas comme je devais.

Réveillé par le clairon le lendemain matin, je me levai en toute hâte et, quelques instants plus tard, j'étais prêt à partir. Nous n'avions parcouru que cinq milles lorsqu'un aide de camp arriva et dit au général P... que le général Pemberton souhaitait qu'il retourne immédiatement à Water Valley, car les forces fédérales étaient tout près et que les soldats confédérés devaient prendre position. . Nous descendîmes et restâmes assis quelques instants dans une cabane nègre. Puis le général monta à cheval et se dirigea vers Water Valley, suivi de ses officiers d'état-major. La dame et moi avons continué avec les wagons au-delà de Coffeeville, où le train s'est arrêté et s'est préparé à camper pour la nuit. Je n'avais pas encore de nouvelles de M... depuis qu'il était parti avec le général, et je ne savais que faire. Les soldats furent mis en piquet autour des trains, car une force fédérale se trouvait également à notre gauche, près de la petite ville de Charleston. De violentes escarmouches se déroulaient à Water Valley, nous a-t-on dit. Comme il n'y avait aucune maison à proximité, le monsieur qui avait la charge de la dame et de moi-même nous a dit qu'il dresserait une tente agréable et qu'il nous mettrait tout à fait à l'aise. Une tente fut donc dressée sur une petite colline à proximité, et je me reposai confortablement pendant la nuit. De bon matin, nous étions en route, le reste de l'armée étant arrivé. Enfin nous atteignîmes Grenade en toute sécurité, mais durement pressés par les troupes fédérales.

Ainsi vous voyez, cher J..., que j'ai le malheur d'être identifié à quelque retraite ou ville menacée. Depuis Memphis, ou par-delà la plus grande distance qui nous sépare, nous pouvons étendre notre amour ; et à travers tout, je suis

Le vôtre

LA FIN.